# 人が育つ素敵な会社

角井亮一



財界研究所

## もくじ

# 序章

# 「人材育成」について考えよう

# はじめに

この書籍を手に取られた人の大半は、企業内で人材育成に悩まれているリーダーの方や、今いる社内人材をもっとパワーアップさせたいと考える企業経営者や幹部の人だと思います。また、就職または転職志願の方も自分のスキルを上げてくれる会社を探している人も多いでしょうから、興味津々で、この本を手に取られたと思います。私は筆者ですが、このタイトル、登場人物、そして目次を見たら、100％この本を買っているに違いありません。

なぜなら、この本を読んでいるあなたと同様、私自身も「人材育成」で悩む1人だからです。

私、角井は、これまで、13冊の本を、アメリカ、中国、韓国、台湾、もちろん日本でも出しました。この本は14冊目です。ただ、すべては物流やロジスティクスに関わる書籍ばかりです。

しかし、物流の専門家である、この私が、「人材育成」の本を書こうと思いました。その動機は、1つではありません。いろんなキッカケがあります。そのうちの4つのキッカケを書きながら、少し「人材育成」について一緒に考えてみましょう。

## 人の成長が早い会社の存在

イー・ロジットという企業を創業した1人の社長として、人材育成の重要性を実感します。成長が早い人間と遅い人間が居ます。当然会社としては、成長が早い人間ばかりのほうが良いですし、働く本人も成長が早いほうが良いに決まっています。

成長が早い遅いは本人の資質にも大きく関わりますが、会社ができることも大きく関わります。上司の影響もありますが、それも会社次第で、上司が影響力を発揮するだけ頑張るかどうかでも差が出るはずです。現に、人の成長の早い会社と遅い会社があります。

私は、社長として、他の成長企業では、どのような人材育成をしているかを「見てみたい」「聞いてみたい」と思いました。それがこの「人材育成」の本を書くキッカケの1つです。

人材の成長スピードは、企業によって違うのは、なぜなのでしょうか?

まず、**人が育つ会社は、採用が違う**と言われています。

米国で靴を2000億円近くインターネットで売るザッポス（Amazonが、2009年に経営の独立性を約束した上で買収）は、採用時に、自社の企業文化や明文化されたコア・バリューに合う人かを徹底的に見極めます。その前提で採用しても、見誤ってしまう可能性があるので、入社後の研修を受けた後に退職を希望する人には、3000ドル（30万円相当）を出すのだそうです。

ここまでしても、ザッポスが持つ文化に適応できない人には、入ってほしくないのです。今では同様の制度をAmazonでも始めています。

次に、**人が育つ会社は、環境（企業文化）が違います**。学び、成長することを賞賛する文化があります。たとえ失敗したとしても、それを糧として伸びてほしいと考える企業文化です。まさに、ザッポスのコア・バリューにも、その内容が書かれています。「間違いを恐れず」、「成長と学びを追求」という文言が、たった10のバリューの中に書かれているのは、偶然ではなく、必然なのです。

また、この本を書きながら、フェイスブックで、「あなたにとって人材育成とは？」などの質問をしたところ、モチベーションが高い人達からの回答には、「失敗」というキーワードが入っていました。失敗を恐れていては成長する機会を逃しますから、恐れずチャレンジさせられる文化は、重要な要素です。

企業文化に適合する社員を入社させ、失敗を恐れないくらいの成長意欲を持たせる企業文化を持つ企業が、人が早く成長する会社なのです。

**ザッポスの10のコアバリュー**

1. サービスを通じて，WOW（驚嘆）を届けよう
2. 変化を受け入れ，その原動力となろう
3. 楽しさと，ちょっと変わったことをクリエイトしよう
4. 間違いを恐れず，創造的で，オープン・マインドでいこう
5. 成長と学びを追求しよう
6. コミュニケーションを通じて，オープンで正直な人間関係を構築しよう
7. チーム・家族精神を育てよう
8. 限りあるところから，より大きな成果を生み出そう
9. 情熱と強い意思を持とう
10. 謙虚でいよう

## 物流は、人が資本のビジネス

私が2000年に創業したイー・ロジットは、通販物流に特化した物流代行をメインとした会社です。

物流は、まさに、労働集約産業。ロボット化や自動化を進めようとしていますが、なかなか難しい産業です。

また、物流はサービス産業です。お届け先への梱包状態の良し悪しは、接客の良し悪しと同様です。接客はテクニック（スキル）と同様、人間性（心）も大切です。物流センターでの作業でも、テクニック（スキル）と人間性（心）の両方大切です。となると、企業の人材育成で、テクニック（スキル）の向上だけでなく、人間性（心）の向上も、担わないといけないのでしょうか?

成長企業では、どのように教育しているのでしょうか?

私は、人間性を磨く研修を、企業内でも実施しないといけないと考えます。

長崎にあるハウステンボスをご存知でしょう。赤字続きだったハウステンボスで最初に行ったことは「笑顔」の徹底です。

２０１０年、エイチ・アイ・エスの創業者である澤田秀雄氏がハウステンボスの社長となりました。それまで１９９２年の開業以来、ずっと18年間、営業赤字を出していたのにも関わらず、澤田社長がここで寝泊まりをして改革をした結果、半年で黒字化したのです。「笑顔」だけが黒字化の要因ではありませんが、大きな要因です。

なぜなら、大きく雰囲気が社内外で変わったからです。赤字続きだった頃は、きっと暗い挨拶だったことでしょう。また、責任者ほど、笑顔どころか顔が引きつっていたことでしょう。そこは、来場者が心から楽しむレジャー施設です。それでは、もう一回行きたいという気持ちにはならないでしょう。また、社内での「ああしよう」「こうしよう」というような前向きな改善をする雰囲気にもならないことでしょう。

この社外（来場者）と社内の悪循環を大きく変える投資ゼロの施策が「笑顔」だったのです。

もちろん、これは、形だけやっていても、全く通じません。人間は動物ですから、心のなかはお見通しなのです。スキルだけでなく、**心も笑顔でなければ、人に伝わる笑顔は出るわけがありません。**

また、テーマパークナンバーワンのディズニーランドでは、すべてのキャストが最初に受ける導入研修で、まず、ディズニーの世界観をキャストに摺りこんでいきます。それは、ディズニーランドは非日常の世界で、そこに来る人にとって、そこはロサンジェルスでもなく、浦安でもなく、ディズニーランドという場所で、その世界をどんな場面でも体験してもらうためです。ディズニーランドに一歩入れば、路上の掃除でさえもショーなのです。

様々な教育で学んだ4つの行動規範のSCSE（Safety 安全、Courtesy 親切、Show ショー、Efficiency 効率）を胸に、それぞれの従業員の演技で、非日常の世界を演出していくのです。

これも、やらされ仕事では、その世界は作れません。キャストと呼ばれる、**働くすべての人が心の芯から演技している**からこそ、あのディズニーランドやディズニーシーの世界を私達は楽しむことができるのです。

ディズニーランドにとっても、心の教育は、人材教育において重要な要素です。

## 自社運営の教育事業の深耕

イー・ロジックラブという180社が参加する物流人材育成事業を2009年より行っており、資格取得や物流改善スキル習得などしていただき、実績を積んできています。

私自身、この内容をもっと深耕できるのではないかと考え続けています。みなさんがご承知のように、人材育成には、OJT（On the Job Training、仕事上での訓練）とOff-JT（Off the Job Training、仕事以外の場での訓練）があり、教育機関が行うのは、Off-JTです。Off-JTによって、OJTをより効果のあるものにできるというように感じます。

しかし、一体、どんなOff-JTがより効果的なのでしょうか？　またOJTも同様に、どんなOJTが効果的なのでしょう？

これが3つ目の、この本を書こうと思ったキッカケです。

Off-JTで有益だと言われているものに、ケーススタディがあります。ケーススタディは、他企業の事例ではありますが、その失敗事例や成功事例は、学ぶ人に様々な示唆を与えます。単なるデータベースでなく、自分だったらどうするかを疑似体験するからです。また、その疑似体験は、職場で実際に起こることに対して、より落ち

| | 社内の講師 | 社外の講師 |
|---|---|---|
| 会場が社内 | 現業務の学習<br>現存フィロソフィや行動基準の学び<br>現業務の見直し | 資格習得講座<br>追認 |
| 会場が社外 | 新フィロソフィや行動基準の習得<br>業務自体の改廃 | 新しいチーム関係づくり（チームビルディング研修）<br>危機感や変化を促す研修<br>新しい価値観の気付き<br>他社との交流・他社からの刺激<br>ケーススタディ・企業視察・海外視察 |

着いて的確に対応できることにつながります。いわゆるＯＪＴでの体験や経験をより高いレベルでこなすことができるのです。

Ｏｆｆ‐ＪＴは、下記の図のように、講師が社内か社外か、場所は社内か社外かで４つにわけられます。学ぶ内容によって、使い分けができます。社内講師よりも社外講師の方が説得力をもたせやすくなる効果や社内以外の事例をたくさん持っているので、引き出しがたくさんあります。一方、社内講師は、社外と比べ親近感が増し、社内の常識や習慣やフィロソフィを熟知しているので、内容によっては説得力が増します。

また、会場については、社外なら、日常業務や社内常識に引きずられることなく、まったく違う発想をすることができますから、新規事業の立案や業務自体の改廃、新しい価値観の学び、新しいチーム関係づくりなどに適しています。社内であれば、業務自体の学習やフィロソフィの学習、現業務の見直しなど、日常業務の延長線上にあるものが効果的です。もちろん、会場は、人数によって、社内で行えない場合があるので、会社に近い場所で行うのか、会社から遠い所で行うのかで効果が変わります。分かりやすい例を言えば、普段のオフィス街でやるのと、高原の中で行うのでは、まったく効果が違います。

これらのＯｆｆ-ＪＴを行うことによって、業務の生産性向上や業務自身の見直し、さらにはそのベースとなる考え方（フィロソフィ）による業務の遂行（ＯＪＴ）がなされるのです。

ＯＪＴにおいては、その業務を１００％習得し、さらにその業務をレベルアップさせることを求められます。イー・ロジット流に言えば、**「単純・明快・繰り返し」がＯＪＴの近道**です。単純明快な業務を繰り返すことで業務習得スピードと精度が確実に上がります。また新しい切り口で業務をブラッシュアップするときにも、業務自身を単純明快な業務に落としこんで、それを繰り返すことで、ＯＪＴ効果が最大になります。

あとで詳細は出てきますが、ニトリで言えば、配転教育。配置展開を3年毎に行える業務に仕上げているからこそ、その短期間でもＯＪＴが最大になります。

また、セブン＆アイ・ホールディングスで言えば、業革《ぎょうかく》。業務改革のテーマが出てくることで、業務自身を変える知恵を絞り、日常業務へと落としこんでいるのです。

## ＪＡＬも人が変わって復活

２０１０年1月に会社更生法を申請し、実質倒産したＪＡＬ（日本航空）は、劇的なV字回復で、12年9月に再上場、12年３月期決算で史上最高の営業利益２０００億円を叩き出しました。その時に、復活をけん引する両輪となる「アメーバ経営」（部門別採算制度）と「フィロソフィ」（人生と仕事の哲学）を持ち込んだ稲盛和夫氏（京セラ創業者、盛和塾塾長）の功績が取り上げられました。

多くのマスコミが伝えたのは、従業員が変わって、復活したという内容です。それまでなら考えられないような行動を一人ひとりが取るようになったのです。例えば、個人のペットボトルのお茶を機内に持ち込むのを、重量が増えて燃費が悪くなるのではないかと止めたというキャビン・アテンダント。

一人ひとりが変わったのは、「アメーバ経営」とともに導入された「フィロソフィ」です。

哲学を教えることも、「人材育成」になるのでしょうか?

２０１４年９月に上場したアリババ。この上場で、アリババの企業価値（約２３１０億ドル、約25兆円）はトヨタ（約22兆円）を抜き、アマゾン（約１５００億ドル）の１・５倍に達しました。このグループは、中国でのｅコマースのシェアを約８割握っています。

その上場間もないアリババの米国拠点に行って来ました。実は、ここのトップを務めるのは、私の学生時分の友達で、他のアポを調整して会ってくれました。

シリコンバレーにあるカフェのテラスで、インディアンサマーの太陽の下で、彼女と１時間話した中で、フィロソフィという言葉を何回聞いたことでしょうか。頻繁に、アリババ創業者のジャック・マー氏のフィロソフィのことを話しました。彼女は、彼の考え方を熟知し、彼ならどうするかということを考え、動いているのです。

いろいろと情報交換する中で、フィロソフィの重要性を感じました。**フィロソフィを全員学び知っているからこそ、ここまでの成長が規模でもスピードでも**実現したのだと考えます。

また、これがあるからこそ、判断に悩むことなく、実行実践していることは明らかです。したがって、学びのスピードが明らかに違うのです。

また、アマゾン本社の人とミーティングする機会がありました。彼らは、カスタマセントリック（顧客至上主義）という言葉も発しましたし、話の内容もまさにカスタマセントリックを念頭においた話でした。アマゾンのミッションは「地球上で最もお客様を大切にする企業（Earth's Most Customer Centric Company）」です。このミッションをアマゾンの従業員は念頭において、日々業務をしているのです。

アマゾンでも、判断に迷うことがあれば、カスタマセントリックかどうかという判断軸で判断するのです。だから、それぞれの人達の成長も早くなり、企業の成長も早まるのです。

これら4つのキッカケがあり、この本を書こうと思い、そのヒントを得るために、多くの成長企業の社長とお会いさせていただき、考えを聞かせて頂きました。

それはとても、有意義な時間でしたし、私自身の考えも明確になってきました。読者の方も、この本を読みながら、同じような体験をし、考えていただければ幸いです。

# 第1章

## 人が育つ素敵な会社
## セブン&アイ・ホールディングス

# はじめに

ここは、四谷。角井の母校がある上智大学がある見慣れた駅です。今日は、この駅から少し離れたところにある、ガラス張りが輝かしいビルを訪ねました。その1階にあるセブン-イレブンの前には、超小型電気自動車が置かれてあり、朝9時には、たくさんのビジネスマンやビジネスウーマンで溢れていました。

そう、ここはセブン&アイ・ホールディングスの建物。過去にも、何度かおじゃましたことがあります。従業員さんの机は、通路に向かって居て、私が通ると、全員で起立され、お辞儀をされた時には、このグループの顧客第一主義が店頭だけでなく本社にも徹底されていることを体感しました。

また、船井総研に務めていた頃に、従業員一人ひとりに、原価管理が浸透していることをよく聞かされていました。その通り、本社内フロアには、隣どうしで高さが合わない机が置かれていたのを見た時に、この企業群の凄さを改めて感じました。

そして、本日は、セブン&アイ・ホールディングスの村田社長との対談です。当初のワクワクが緊張に変わり、村田社長を応接室でお待ちしました。

村田紀敏・セブン＆アイ・ホールディングス社長

## 求められるのは人間力

「最終的にはリーダーになる人間を育てたいのですが、そのリーダーの素質において、中でも〝人間力〟がものすごく重要だと私は思っています」（村田紀敏・セブン＆アイ・ホールディングス社長）

国内の小売業グループとしては収益規模でトップをひた走るセブン＆アイ・ホールディングスは、傘下にコンビニエンスストアのセブン-イレブン・ジャパン、大型スーパーのイトーヨーカ堂、百貨店のそごう・西武など様々な企業を擁しています。

そのグループを束ねる持株会社の社長か

ら、人間力という言葉が聞かれたのは正直、意外でした。
セブン&アイといえば、イトーヨーカ堂を創業した伊藤雅俊氏（現セブン&アイ・ホールディングス名誉会長）とセブン-イレブン・ジャパンを作りグループを今日の隆盛に導いた鈴木敏文氏（現セブン&アイ・ホールディングス会長兼CEO）という2人のカリスマ的経営者がすぐさま思い浮かびます。そうした優れた経営者の人間力ということではなくて、言ってみれば、会社という組織の中で社員1人ひとりが自らが育っていくことを期待して、その人間像を「人間力」という言葉で表現しているのです。
「人材は企業にとって一番、重要なものです。わたしの考えは、個人が成長していくことを企業がサポートしていくスタイルが本来の人材育成、人材教育ではないかと思っています。個人個人が自分で成長したいという意欲を持っていないと、企業サイドが行う教育には限界があると思います」（村田氏）
企業の目的は最終的には利益であるけれども、それは後からついて来るものだと村田氏は言います。昔の急成長していた日本経済の状況とは違って、今の時代は創意工夫をしていかないと企業の成長力は弱まっていく時代です。こういう状況の中で、組織をどういう方向に持っていくか、また個々人の創意工夫をどうまとめていくか、といったリーダーシップを発揮できる人が、いま企業が発展するには絶対に必要になります。

リーダーとして人を引っ張っていくためには、自分の思想をしっかり持っていなければいけない、と村田氏は言います。そして、全体の組織の状況を的確かつ客観的に把握できることも重要です。リーダーに必要な資質とは、主にこの2つです。こうした資質を持った人が、人間力のある人、ということになるでしょう。

加えて村田氏が付け加えたことが一つ、ありました。

どんな組織の中にも必ず手抜きをする人がいます。そういう人を見抜いてしっかり指導をすることも重要です。何度指導をしても直らなければ、組織全体がマイナスになりかねません。その場合は、厳しい決断を下すこともときに必要となります。そういう人に対する決断を下すことができる胆力を持つこともまた、人間力の一つだと言っています。

## 企業と個人との〝競争状態〟

村田社長はイトーヨーカ堂で企画室・販売本部、そして人事部と幅広い分野を経験された方です。

その村田氏が、20数年前企画室長だった頃に、採用試験の場などで、新卒の入社希望者によく言っていたことがあるそうです。

「皆さん方は、今まで学生として受け身のかたちで教育を受けてきましたが、これからは積極的に目標を持ち、自分自身で成長していって下さい」と。

当時はそういう言い方は非常に珍しかったはずです。

要するに、社員自らが成長することを企業は期待しているのだということです。伸びる企業はそれを言ってみれば利用して成長していくものであることを、新入社員に向かって早々から宣言していたわけです。

個人が入社して成長するまでの間は、会社側は成長の支援を惜しまないけれども、それ以降は、社員一人ひとりが自ら成長していくことを、この会社では期待されているのです。そこから今度は、「個人と企業が競争状態に入る」（村田氏）のだと言います。

個人の能力がどんどん向上しているのに企業の成長力が止まっていたら、そのときはもうその人はどこの会社でも通用できる人間になっているのだから、どこへ行こうとも企業はそれを引き留めることはできない、と言います。しかし個人のその能力を本当にその企業が欲しているのであれば、企業はやはり、その個人の能力を活かす場を与えていかなくてはいけないと言います。

これが村田氏が考えるところの「個人と企業との競争状態」ということなのです。

終身雇用という考え方が崩れ去った今でこそ、こうした考え方は珍しいものではなくなったでしょうが、村田氏が採用試験で面接を行っていた何十年も前ではやはり珍しい考え方ではなかったかと思います。

村田氏のこうした考え方は、同社グループの人材に対する考え方として根付いています。

こうした個人と企業の緊張関係があったからこそ、このグループはここまで発展することができたのだと言えるのではないかと思います。

「社員自らが成長していって下さい」と言われると、何かその会社は社員に勝手に自分で勉強していって下さい、と突き放しているように聞こえますが、実際はそういうことではありません。

たとえばセブン-イレブン・ジャパンでは、社員の教育訓練については、1人当たり年間約150時間、金額にして約50万円も掛けているということです。グループ各社の教育は、小売業という特性上、基本的にはOJT（オン・ザ・ジョブ・トレーニング＝現場で先輩社員らが生で教えていくこと）がやはり中心になりますが、実際にはそれにくわえて、グループ各社では職務別、役職階層別などに様々なスキル研修や能力開発研修、集合研修などがいろいろな場面で行われています。

セブン&アイ・ホールディングスのグループにとって、社員教育や人材育成面において、またそれだけではなく同社グループ経営全般において、ある意味で画期的なこととなった出来事があります。

## 業務改革

1982年からイトーヨーカ堂で始まった「業務改革」という取り組みです。

当時、イトーヨーカ堂が東京証券取引所に上場して10年が経った頃。それまで急速に成長していた同社の業績に初めて、陰りが見え始めました。その年の中間決算で、上場以来初の減益に転じたのです。その頃の日本の小売市場自体はまだ、成長が続いていたのにです。マーケットが伸び、売り上げも上がっているのになぜ減益になるのか？　そのことに鈴木氏を始めとする当時のヨーカ堂経営陣は危機感を抱きます。

今までと異なる大きな環境変化が起きているのではないか。その問題の本質を極めていこう、ということで始めたのが業務改革の取り組みでした。

減益になった理由は、単純なことで、売れない在庫が増え値下げロスが増えたことでした。ではなぜ、市場環境が良く売上が伸びているのに、そんなことが起きるのか。今までに経験したことのないことでした。業務改革では、その在庫そのものに目を付け、商品をそれまでのロット（納品単位）や品番ではなく、お客さまが購入される最少単位のサイズ・色・柄別の単品で管理しようという方向での改革が行われました。単品管理という概念が小売業で始まった恐らく初めての取り組みだったでしょう。

たとえばワイシャツ一つとってもサイズには首回りと行き（袖丈）の違いが1センチ刻みで今はありますが、当時はせいぜい3センチ刻み、あるいはS、M，Lの違いだけです。しかも品物を発注するときは肝心のサイズが指定できない各サイズがセットされた納品体制だったため結果、売れているサイズはよく売れ欠品を起していますが、売れ行きの悪いサイズは在庫の山になっていたのでした。

それはマーケットの情報を捉えないで、ただ売れているワイシャツだから、ということでセット納品の慣習にまかせ仕入れていたから起きていたことでした。

「業務改革で行ってきたことは今までの常識にとらわれず本質を極めるということです。本質を極めて、仕入れから販売に至るすべての仕事を根本的に見直しました。小売業というのは、特に大企業の場合、仕入力と販売力の大きさ（規模）に頼りがちでした。

そこに初めて、サイズや色などお客さまが買われる一品単位で管理する単品管理の考え方を徹底し、社員1人ひとりがいま目の前にある問題をどう考え解決していくのか、その考え方を共有・徹底する業務改革会議を、グループ各社の幹部社員が毎週、集まり、そしてそれぞれの現場に持ち帰って改善を行っていったのです」（村田氏）

この取り組みが30数年間、今もグループでは続いています。累計の開催回数は1170数回に及びます。これこそはセブン&アイ グループの最高のOJTの座学部分の教育だと、村田氏は言っています。

## ダイレクトコミュニケーション

同社が行っている業務改革で重要なポイントとなるのは、全国の幹部社員が週に一度、一堂に会して、そこでトップ方針を直接聞く、ということです。直接聞くことで、電話やファックスでは伝わり難い内容も、参加する全員が同じレベルで体感し共有することが可能になります。これを同社グループではダイレクトコミュニケーションと呼んでいます。

セブン＆アイ グループのダイレクトコミュニケーションの始まりは古く、セブン-イレブン創業時代から続けているＦＣ（フィールド・カウンセラー）会議にあると言います。イトーヨーカ堂でも「店長会議」を１９８１年から現在も同じように開催しています。いずれにしても、セブン＆アイ グループはこのダイレクトコミュニケーションをたいへん、重視しています。

経営者から幹部社員、幹部社員から一般社員へといった会社方針の伝達では、書面による伝達よりも必ずダイレクトコミュニケーションによってその真意を伝えることと、そして対話をすることが大事だという考えがあります。

グループのイトーヨーカ堂では、今でもお店に勤務する商品分野ごとのマネージャーを月に1度本部に集め、経営陣が自らの言葉で方針を語ります。またマネージャー同士は具体的な販売方法の事例などをそこで共有しています。これもダイレクトコミュニケーションの具体的なメリットの一つです。

同社グループがダイレクトコミュニケーションを重視している理由は、小売業は結局、お客様と接する売場が現場であり、最後はその現場力がものを言うと考えているからです。

「現場でエネルギーを作り出すもの。それがダイレクトコミュニケーションなのです。方針を出して、それを具体的にいろいろな通達で発信しますが、その書いたものだけではなかなかその意義が人には伝わりません。行動を起こさせるためには、フェイス・トゥ・フェイスでダイレクトに、課題や今やるべきことを直接話し、現場で徹底してもらうことです」

業務改革などの取り組みによって、ものごとの本質を見極めるというクセを幹部社員が身につける。そして今度はその幹部社員が現場に戻り、ダイレクトコミュニケーションで部下たちに対して伝えていく、という関係も生まれます。

筆者はこんな話を聞いたことがあります。

ある銀行の経営者が、セブン&アイ グループが行っている店長会議のことを知って「これは非常にいい取り組みだ」と、自行の支店長会議に採り入れることを思いつきました。毎週、全国の支店長を呼んで、課題を話し合わせるのです。ところが、この取り組みは1カ月もすると頓挫してしまったそうです。話すべきテーマがなくなったからと言うのですが、そんなことはないはずです。

日々違ったお客様が来られる小売業の売場という生の現場は、正に解決すべき課題の宝庫です。「お客様が100人いらっしゃれば、100人の答えがあります。答えは全部、お客様にあるのです」(村田社長)と言うとおり、勉強するべき課題は千差万別、無限にあるはずだからです。

## チーム力とチームマーチャンダイジング

今の小売業というのは労働集約型の産業です。

ですから昔の個人商店とは違っていて、決して1人で何かができるという業態ではありません。1店当たりの規模が小さなコンビニエンスストアであっても、そこにはお店に陳列する商品を企画・開発する人、その商品を作る人、商品作りに欠かせない材料を仕入れる人、商品を届ける人等々、様々な人たちが関わって初めて成り立っています。結局、売場も商品作りも全て、チームで成り立っているものです。

従って、小売業に必要な人材というのは、究極はやはり、そのチームの力となってくれる人、ひいてはそのチーム力を高めてくれる人、ということになるでしょう。

「たぶん、社員というのはそれぞれ自分がその所属する会社の中でどういう立場になりたいか、ということをみな抱いているものだと思います。たとえば当社であったら、それは店長になりたいとか、店舗を指導するスーパーバイザーになりたいとか、また商品企画・開発を行うシニアマーチャンダイザーになりたい、といったように。でもそういった役職に就けたとしても、決してその仕事を1人で全部こなすということはできないのです。つまり結局、チーム力を作れる人間をつくりあげていくことが企業の成長にとっては大事なことなのだと思います」(村田氏)

村田氏が考えている、セブン&アイ グループ経営の核心、というものがあり、以下の3つのことを挙げています。

1つ目は世の中の変化を経営課題と捉え対応策をいかに考えていくかという「変化対応力」。2つ目がチームで行う技術革新を起こす「チーム力」。3つ目が「現場力」です。

この3つはいずれも人に関係することです。

だからこそ、このグループが必要とする人材にとっては、人間力が最も重要な要素、ということになるのです。

セブン&アイのチームは、社内だけには留まりません。

たとえばセブン‐イレブン・ジャパンの商品開発のことでよく取り上げられるものに「チームマーチャンダイジング」があります。

最近では「金の食パン」などのヒット商品が挙げられますが、このチームマーチャンダイジングからセブン‐イレブンのヒット商品は数多く生み出されています。

チームマーチャンダイジングとは、現場である売場のお客様の声を商品企画の段階から商品づくりに反映させ、セブン-イレブン・ジャパンの社員と各メーカーなどの社員とが一緒になって商品を開発していく取り組みのことです。メーカーが作った全国一律の商品を単に仕入れて商品棚に並べる、といったこととは根本的にそのやり方が違うことがわかります。

商品を仕入れてただ売るということでは、その商品に関わる企業と企業との関係は、ある条件下でのただの取引関係でしかありません。そこはある意味、ドライな数字だけが動いている世界であるとも言えます。

ところがチームマーチャンダイジングになると、そこからは人間力が必要になる、と村田氏は言っています。

そのチームに選ばれた人たちは確かに各メーカーから派遣されています。でもたとえば、新しい出汁《だし》の商品をつくろうとして集まってきた、しょうゆメーカーの人たちや、かつおぶしメーカーの人たちは、そこで自分たちの企業では作ったことのない新しい商品を異なる（競合する）メーカーの人たちがチームを組み一丸となって作っていこうと考えて動いているわけです。そうするとそれはただの取引ではなくなると言うのです。

バックにはお客様がいて、そういう人たちが本当に認めてくれて、喜んで買ってくれる。その姿を自分たちの努力の結果だと評価できるような商品づくり、ということになります。

だから大事なことは会社を超えたチームの一体化なのです。チームマーチャンダイジングでは、会社は違っていても、人間としてのチームが作られている、ということなのです。

## パートの力

セブン-イレブンでもイトーヨーカ堂でも、セブン&アイ グループの店舗運営を支えているのは、実際のところパートさんの力である、と村田氏は明言しています。

一般的にパートさん（イトーヨーカ堂ではパートナー社員と呼ぶ）というと、売り場責任者から指示されたことを作業して帰っていく人のようなイメージをもたれがちですが、セブン&アイ グループ各社のお店のパートは皆、「自分の売場」を持っていて、「自分の受け持ちの商品」を持って仕事をしています。そこでいろいろな創意工夫をパートの人たちにも発揮してもらっているのです。

昔の商品の仕入れ・発注のやり方というのは、本部から送り込まれたものだけでした。これでは現場は全くの作業を行う場ということになります。そこには現場の人たちの創意工夫が入り込む余地はほとんどありません。

ところが今は、この地域はこういう味が売れるとか、ここは学校の行事があるからこの商品が売れるとか、ここはいま道路工事中なのでこういうものがよく出るといった地域ごとの特性が重視されるようになってきました。それ以外にも、たとえば若年層が集まる場所なのでこれが売れるといったこと、またこの季節になるとこの商品が売れるといった要素、はたまた家族構成が少人数化しているので1パックの中に10個や20個も入っていると以前のようには売れない、ばら売りした方が売れる、といったような諸々の現場の生の情報を持っていることが商品の仕入れ・発注では非常に重要なことになっています。

そういう中で、やはり現場にいるパートがたいへんな戦力になっています。

パートさんたちの意見を聞くために行っているパートミーティング。そこではマネージャークラスの人がパートさんたちとコミュニケーションを取る大事な場になっています。そうやってパートさんたちの働く意欲を鼓舞することが、現場力を発揮させるということであり、それに必要な資質が人間力、ということになるのです。

## 社是

「私たちは、お客様に信頼される誠実な企業でありたい。」
「私たちは、取引先、株主、地域社会に信頼される誠実な企業でありたい。」
「私たちは、社員に信頼される誠実な企業でありたい。」

これがセブン&アイ・ホールディングスの企業理念と言えるものです。

企業の発展にはさまざまなステークホルダーとの持続的な関係が不可欠です。そのための基本的な考え方を、セブン&アイ グループでは1972年に制定した『社是』の中に、この3つの言葉に凝縮して掲げています。そしてこの考えは、社員全員に共有されてきました。

こうした企業理念を会社全体で共有する取り組みは、たとえば店舗であれば、毎日の朝礼のときに必ず、この理念が入った言葉を唱和したり、またそういった言葉をお店に掲げるなどで、行っています。

そうやって、繰り返し、そういう企業理念を社員1人ひとりに浸透させていくことは、実はお客様というステークホルダーと常に接する売場という現場を持つ小売業にとっては、とても大事なことになるのです。

ところがそういった理念というものは、社員1人ひとりが本当に日々、自覚していなければ、たとえそれを毎日唱和しようが、それはただ表面上、唱えているだけに終わってしまいます。

「今日も一日、わたしたちは自信と情熱をもって、お客様には最大の満足を、お店に商品に対し深い愛情を注ぎ、奉仕の精神を忘れることなく、自ら希望達成のために努めます。」。

村田氏は、この理念（「誓いの言葉」）をこのように唱えるときは、ただ流されてその言葉を唱えるのではなく、その「言葉の一つ一つの意味を自分なりに捉えて、意識しながら唱えること」（村田氏）を、自身が販売の現場にいたときには心がけた、と話してくれました。だから今の若い社員もそれをやって欲しい、と村田氏は言っています。

トップ・リーダーになるべくしてなった人の若い頃はどうであったか、ということを示す貴重なエピソードだと思います。

また、セブン&アイで唱和されえているこの「誓いの言葉」が、「俺のイタリアン」「おれのフレンチ」などを運営する「俺の株式会社」の朝礼で、全く同じ文言で唱和されていることは知られていません。俺の株式会社坂本社長がイトーヨーカ堂の朝礼での唱和を聞き、是非取り入れたいとの申し出で始まったようです。

## 伊藤研修センター

東海道新幹線の乗降駅であるＪＲ新横浜駅から徒歩で約10分のところ、鶴見川を隔てて日産スタジアムを北側に望む絶好のロケーションに「伊藤研修センター」という、セブン&アイ・ホールディングスの研修施設があります。

この施設は２０１２年３月にオープンしたばかりのもので、施設の名前はイトーヨーカ堂創業者で現セブン&アイ・ホールディングス名誉会長の伊藤雅俊氏から取ら

伊藤研修センター

れたものです。それというのもこの施設は土地代を含めた総額約70億円の費用を、伊藤氏とそのご家族から寄贈されて造られたものだからです。

施設は地上4階建て、総床面積が約1万平方メートルあり、1階に創業当時の様子や、現在の経営理念に結び付く様々な歴史的事象や資料を駆使した展示コーナーとライブラリーがあります。2階が生鮮の技能や陳列、レジなどを実習できる技能研修用の部屋とレストラン、3階にセミナールーム、4階には宿泊施設（シングル65室）も設けられています。

「開設2年で既に約13万人がこの施設を利用しました」と長岐等・伊藤研修センター

長がこの施設を案内してくれました。

　ここを訪れる人は必ず、約20分間の「創業の理念」というビデオを1階で見ることになります。この日は、アゼルバイジャンからのお客様が見学に来られていました。もちろん、通訳付きです。それぐらい近年では、このグループの国際化も進展しています。3階の研修室ではちょうど、セブン&アイの新しいショッピングセンター「グランツリー武蔵小杉」（神奈川県川崎市）の開業に備えて、数十人規模の社員が集団で接客の研修を受けている最中でした。

「創業の理念」のビデオは残念ながら門外不出で、ここでしか見ることができない貴重なものだということです。創業から現在に至る同社グループの歩みが、実に簡潔にまとめられていて、伊藤雅俊名誉会長と鈴木敏文会長も登場し、同グループの創業時の理念と、それにまつわるエピソードが端的に語られています。

　日本を代表する巨大企業グループでありながら、今でも2人の実質的な創業者が存命である同社グループは、こうしてその創業者の生の声によって直接、その創業の理念などを若い社員に伝えていくことができる、極めて幸運に恵まれた環境にあると言えるでしょう。

だからこそ、今、こうやって会社の理念を伝承する仕組みをきちんと整え、次々と加わってくるパートを含めた新しい社員に、それをちゃんと伝えていくことを狙ったこうした取り組みは非常に大事なことだと思います。

## 座学と現場研修

たとえばイトーヨーカ堂が新店舗を作るときは、必ずパート社員を１００人とか２００人という単位で雇用しています。

こういうパートの人たちも、始めは企業理念のようなところから始まって、次に技術等のトレーニングを受けることになります。そうやって新店舗の開店に備えます。ここまでは、いわゆる座学の研修です。

それから実際の現場に入って作業をすることになりますが、新店でメーンとなって働くのは、やはり本部から応援に来る社員たちです。新店ではやはり、たいへんな作業量をこなさなくてはいけなくなるからです。こういう現場では、新しくパートとなった人たちが、本部から来た社員と一緒になって仕事をこなしていくことになります。

熱心なパートの人たちは、新店開店が一段落すると、その後にもう一度、研修を受けたい、という希望を持つ人が出てくるそうです。そういうことを村田社長も販売時代に経験したと言います。

パートの人たちはそれまで座学で研修したことを、実際の現場の実務に落として初めてここで経験します。そのとき、生のお客様の反応などを含めたさまざまなことに対していろいろなことを感じたために、改めて研修でおさらいをしたいという気持ちになるのでしょう。

漠然と受けていたかも知れない社員研修とは違って、現場で働くという実践に入って漸く、座学の研修において学ぶべきものの目的がはっきり理解できるようになった、ということだと思います。

パートがそういう行動をとるのは、現場での経験がパートの働くモチベーション（意欲）を自然に高めているということでもあるでしょう。

これこそが、ＯＪＴの最大の成果であり、狙いでもあります。

同社グループは、社員研修におけるＯＪＴを非常に重要視しています。そのために、たとえば営業現場では「社員に望まれる行動」を推奨したり、年2回実施する上司と部下の評価面談（セルフチェック制度）等でＯＪＴが有効に機能するための手を打っています。このように同社グループがＯＪＴを重視するのは、前述した通り「お客様が１００人いれば１００人の答えがある。答えは全部、お客様にある」（村田氏）からです。

そして「実践に入って初めて本当の教育が始まる」と村田氏は話します。パートに限らず、大卒新卒社員ならばなおさら、ＯＪＴの重みは増します。というのも、大学新卒者は学生時代のように決められた枠の中で上から与えられる学習が主体だったからです。実践の現場に出て、その頭を１８０度切り換えてもらうこと、１＋１＝２ではなく、答えはお客様次第で３にも４にもなる、ということを現場から学ぶことの意義は非常に大きいのです。

## 様々な自己啓発活動

前項で紹介した新店で現場に出たパートのエピソードを挙げるまでもなく、「教育というのは自分が教育されたいとか、成長したいということがやはり基本。そういう意欲がないと、自発的な行動をとるところまではこない」（村田氏）のです。

　こうした考えに基づいているので、同社グループの人材開発・人材教育は向上心のある人にとっては非常に魅力があるものではないかと思います。

　就業時間内に行われる様々な業務に必要な技能修練、職制別の研修では、たとえばイトーヨーカ堂の店長・副店長等に対して行われる研修では外部の専門講師を招いて財務・会計知識、マーケティング、リーダーシップ等、組織運営に関わる基礎知識の習得が図られています。ほかのグループ会社でもこうした専門の外部講師を招いた研修は盛んに行われています。

　また、こうした研修以外にも、一部、就業時間外に自己啓発的な内容のセミナーも開催しています。たとえば、２０１２年に設置した「ダイバーシティ推進プロジェクト」が主催する女性管理職同士のネットワーキングや情報交換、外部講師を招いての「ウーマンズ・

マネジメント・コミュニティ」などのセミナーや、昼食時間を利用して相互啓発を図る「ママズ・コミュニティ」「パパズ・コミュニティ」といった自己啓発の場なども設けています。

## 小売業の本質

「バイヤーが今売れているというので新しいシャツを仕入れて店に置いた。ところがそれが売れない。現場の人に聞くと、袖口幅が狭すぎて若者向き過ぎ、カジュアル過ぎると。ビジネスで使うのに合わないから売れないというのです」（村田氏）。これは売場と商品のミスマッチが起きた例と言えるでしょう。こういう事態を解消するのに大事なことが正に「管理」ということになるでしょう。

ほんの少しのポイントで、売れるか売れないかの違いが決まります。現場である売場からの生の情報がいかに重要かがわかります。小売業では、そういう売場の情報がすぐに商品部などへ伝わる組織体になっていなくてはならないのです。

そのときに大事なことは、自分がお客様の立場で考えるということだ、と村田氏は言います。その視点を持っていれば、これまでずっと売ってきた商品、その売り方、サービスに課題、問題が山積していることがわかるはずです。だから取り組むべきことは山ほどあるのです。常にお客様の立場で考えましょうとずっと言ってきたと、と村田氏は強調します。それによって「現場力」というものがさらに加勢されるのだとも言います。

結局、小売業というのは、お客様が全て、ということになります。だからこそ、その経営、そこに携わる人の育成も難しくもあるのです。

「サービス業はある面では、どんなに信用を積み重ねても、一つの信用を損ねた行為で、今までの信用が全部ガタガタと落ちてしまいます。だからそれだけに扱う商品や、いろいろなものに神経を注がないといけない。でも多岐にわたる仕入れや商売、その他の細かいところ全てに目が届くかというと、それはなかなか難しい。現場で従事している人たちが、その意識を持って、商品を見たり、サービスを見たり、仕組みを見てくれることで、『ちょっとここはおかしいのではないか』という情報がどんどん挙がってくる体質の企業にならなくてはいけないと思うのです」（村田氏）

## 常に変化対応

「小売業はお客様の豊かさを常に提供できることをやっていきたい。……われわれは量販店ですから量は売らないといけませんが、量を売るための商品作りではなく、結果として量が売れる商品開発が求められます。成熟社会の今は完全に質の時代なのです。質を求めた開発が求められます」（村田氏）

安いものを大量に販売していく量販店的な機能は、成熟した社会では限界に来ていると言われています。売場もお客様にその質がわかるような陳列になっていないといけません。それを担っているのはやはりパートを含めた売場の人たちです。

「業革（業務改革）会議」で鈴木敏文会長が良く言っている言葉があるそうです。「絶対の追求」ということです。小売業の世界でこの抽象的な言葉をすぐに理解することは難しいですが、要は「それでよし、ということはない」ということです。たとえ技術的には今は限界があったとしても、それで終わるのではなく、次のステップの準備がそこから始まる、と村田氏は話します。

なぜ絶対の追求をしなくてはいけないか。お客様の新しいニーズは、お客様の変化の中から出てくるからです。

そのニーズは今は技術的に対応できないニーズであったとしても、今度は自分たちが変化することで、世の中の技術革新を取り入れ、先述のチームで取り組めば対応が可能になることもあります。

そうやって常に変化に対応していくことで、お客様のニーズに対応できるものを作り上げていく。

これを可能にする現場力を持った人を絶えず育成し続けていることが、このグループの最大の強みになっていることは間違いないでしょう。

## おわりに

村田社長と会う私はとても緊張していましたが、村田社長も少し緊張されていた様子でした。しかし、次第に話が盛り上がり、当初の予定時間では足りないくらい色んな話をお伺いしました。

この対談で、村田社長から、角井が一番強く感じたことは、『本人の自主性』を尊重されていることです。本人の成長意欲がないと、どんなに企業が人材教育しても成長しない。成長意欲があってこそ、企業が人材教育で伸びていくのです。

また、業務改革が人材育成になる話をされた時に、パートナー社員さんや社員さんの「関与」「関心度」が重要だと力説された時も、『本人の自主性』を尊重されていることを感じました。例えば、ある売り場のバックヤードでのミーティングで、新しい商品の話をした時に、各パートナー社員さんがこの商品に関心を持って、販売に関与（協力・努力）してもらえることを期待しているのです。

変化をチャンスと捉えて進化する**変化対応の経営**だけでなく、**人を中心とした経営**が、セブン&アイ・ホールディングスのすごさだと感じました。

# 第2章

## 人が育つ素敵な会社
## ヤマトホールディングス

# はじめに

早く着いたので、ヤマトホールディングス本社の近くにあるカフェで、コーヒーを飲みました。そのカフェの名は「スワンカフェ」。ご存知の人も多いでしょう。ここは、障がい者の自立と社会参加を支援するために、宅急便のスタートを決断した小倉昌男氏が始めた「スワンベーカリー」のカフェです。

現在３００人を超える障がい者が28店舗で働いています。この素晴らしい事業を最後に始められたことに、尊敬の念を抱いています。実は、角井は寄れる時には、ここでパンを買ったりしています。また、多くの人が共感しているのでしょう。今日も満席でした。

その精神が、今回会う木川社長にも継承されています。

２０１１年3月11日の東日本大震災の後、宅急便１個につき10円を寄付するという決断を木川社長がされ、発表されました。結果、約１４２億3，６００万円がヤマトホールディングスから公益財団法人ヤマト福祉財団の「東日本大震災　生活・産業基盤復興再生募金」を通じて被災地へ寄付されました。

その木川社長との対談をするために、スワンカフェを出て、『財界』の畑山記者と2人で、ヤマトホールディングスの本社に歩き始めました。

## 「シッカリ」「イキイキ」「ワクワク」

2014年度にはパートタイマーを含むグループ全社員数は20万人を突破するとみられるヤマトホールディングス。

グループの中核事業会社であるヤマト運輸は、民間としては日本で初めて、宅配便事業である「宅急便」を生み出した企業として広く知られています。

その後もクール宅急便や時間帯お届けサービスを始め、様々な付加サービスを編み出しながら、宅配便事業を世の中に定着させ、今日に至る社会インフラとしての宅急便を定着させてきました。

そのヤマトホールディングスは毎年、世界中から全ての事業責任者を集めて会議を行っており、そこで、その年の経営方針などが示されています。

その会議の席上で発信された2014年度のキャッチフレーズは、次のような言葉

でした。

「シッカリした経営理念、イキイキした社員、ワクワクする革新的な事業戦略」

中でも特に3つめの言葉、「ワクワクする革新的な事業戦略」が、企業が成長していくために一番大事な要素だと、ヤマトホールディングス社長の木川眞氏は話しています。

企業の事業戦略自体が陳腐なものにならないように、常にチャレンジングで、新しいものが次々と生み出されていく環境を持っていること、そういう「ワクワクする革新的な事業戦略」の重要性を問うています。

ですが、それができるようになるためには、まず前段に記している「シッカリした経営理念」が企業にあって、そこに「イキイキした社員」が集まっていることが前提として絶対必要だと木川社長は強調します。

シッカリとイキイキで修飾されたこの2項目はいずれも、人に関する項目です。こと同社のようなサービス産業に分類される会社においては、人材がいかに大事であるかが改めて示されたわけです。

「われわれは人がサービスの原点であり、命ですから、人をきちんと教育しておかないといけないと思うのです。われわれの企業価値のメルクマールは、お客様の評価だと思うのです。何か問題があったら、これが下がってしまう。だからわれわれにとっては、どう人材を育て、サービス品質を維持し続けるか、またお客様から評価をいただけるような仕組みをどう回していくか、これが非常に大事だと思います」(木川眞氏)

社員数が20万人に達しようとするこの時期、同社が企業の原点を見つめ直していることは特筆すべきことでしょう。

ちなみに木川社長が毎年、発信しているその年の方針を示すキャッチフレーズは、2年前が「プロジェクトG」、昨年が「バリュー・ネットワーキング」構想というものでした。

プロジェクトGのGはガバメント＝地方自治体のことを表していて、ヤマトグループの経営資源を活かし、地方自治体と連携した地域活性化というテーマを打ち出したものです。いずれにしても今年はフレーズも日本語に変え、サービス産業の原点たる人に絞りました。

「一般論で言っても、この3つ（経営理念、社員、事業戦略）は成長している会社の共通したポイントだと思うのです」（木川氏）

## 昭和6年制定の「社訓」と「宅急便」の生みの親・小倉昌男

その原点たるヤマトホールディングスの経営理念はどんなものでしょうか。

グループの中核的事業会社であるヤマト運輸は、昭和6年（当時は大和運輸）に「社訓」を制定しています。この社訓は、「宅急便」の生みの親である小倉昌男氏の父親に当たる、当時の社長の小倉康臣氏が社長時代に作ったものです。

この社訓は3つの言葉からなります。

まず全員経営を表している「ヤマトは我なり」。

次に、お客様第一、サービス第一を表す「運送行為は委託者の意思の延長と知るべし」。

そして3つ目は「思想を堅実に礼節を重んずべし」です。これは公共性の高いサービスに従事する者として、社会のルールを遵守することは当然のことである、ということを言っています。

ヤマト運輸が「宅急便」のサービスを始めた1976年当初、先行投資を優先していたので利益はすぐにあがりませんでしたが、ためらうことなく先行投資を続けました。そのとき小倉昌男氏がよく言っていたのが、「サービスが先、利益は後」という言葉であり、お客様が喜ぶサービスを提供するよう社員を叱咤激励しました。

この小倉昌男氏が言った言葉はまさしく、昭和6年に先代が作った社訓の理念を小倉昌男流に解釈し直して言い換えたものでしょう。

「(社訓を)今の言葉に直しながらグループ全社に浸透させる。だから理念を社員全員が共有することになるのです。人の育て方の中心軸に理念がしっかり存在していて、それが常に世界中のグループ全社で共有されているのです」(木川氏)

ヤマトグループの中核事業である「宅急便」は、モノを運ぶという純粋役務のサービス事業であり、お荷物を預かり、お荷物をお届けする、その瞬間にサービスが発生し、終了するものです。その際における顧客視点こそ、同社グループが最も大切にしてきたものであり、同社の最大の強みと言っても良いもの、と木川社長は話しています。

その「宅急便」を各家庭に運んでいるのは、「セールスドライバー」という人たちです。

セールスドライバーはその名の通り、ただモノを運ぶドライバーではなく、品物をお客様に直接お届けし、お客様と同社とのまさに接点となるキーマンです。

小倉昌男氏は「セールスドライバーは寿司屋の職人であってほしい」と社内で言っていたそうです。ただ荷物を右から左へ運ぶ運転手なのではなく、お客様に営業し、荷物を運び、コンピューターに入力し、集金し、お客様からの問い合わせにお答えする等々、多様な現場の業務全てをこなし、お客様の困り事や不便を解決する提案をすることが求められているのです。

「宅急便」は、その商品力や競争力が、言ってみればセールスドライバーのサービスそのものによって支えられています。セールスドライバーが「宅急便」という商品の品質を左右している重要な存在だと言うことができます。

だからこそ、社訓の精神を持った、その精神を体現することができる社員を育成し、増やしていくことがいかに大切であるか、ということなのです。

そうした考えもまた、同社グループ内で共有されています。

## 「1カ月の初任者教育」で高いサービスを提供する

同社グループの中核事業を担うセールスドライバーの多くは中途採用の社員です。年齢層も、地域も前職もバラバラです。

ですから全員が入社後に一カ所に集まって集合研修をするということはあまりなく、主にはOJTと、短期の集合座学研修を終えると、おおよそ今は入社後一カ月で、それぞれが一人前として現場で働くようになります。

現場に出たばかりのセールスドライバーでも「新人だからといって立ち往生する人はほとんどいない」と木川氏は話します。皆、間違いなく高いサービスレベルを身につけて最初からそれを提供することができていると期待されています。

なぜそんな短期間の初任者教育で高レベルのサービスを提供できるのか？　木川氏はよく社外の人からそう聞かれるそうです。これに対して木川氏はこう答えています。

「会社に応募して来られる方々全てが、われわれのフレンドリーなユーザーなのです。国民全員がわれわれのユーザーであり、ヤマト運輸の宅急便のサービスは良いサービスだ、このサービスを提供しているヤマト運輸は良い会社だと、多くの方々から思っていただいています。それでこの仕事をやりたいと応募してきてくれるのです。ですからその仕事を自らがやる立場になったとき、最初からそれを壊すような人はいません。そういう意味で言えば、これは過去のわれわれの先輩たちの、あるいは小倉昌男さんの、功績のお陰だと思うのです」

様々な企業活動、とりわけお客様に対して会社が提供するサービスは、それによってその企業が社会との関わりを持つことになることから考えても、その会社が大事にしている企業理念というものは、そのサービス提供の行為とは表裏一体の関係にあると言っても良いでしょう。

つまり、企業理念と表裏一体である会社のサービスが広く世の中に広まることは、その企業としての高い志や理念のようなものもまた、間接的に社会全般に浸透していくことではないか、ということです。

そういうことが間違いなく社員募集の前提の底流として形作られているのです。ですからその会社が良い会社だと思って応募して社員になろうとする人は、もとより会社に入る前から、その入り口段階から既に、その理念に教育された人と同じである、というわけなのです。

そのようなことを木川氏は語っていました。

ここには「企業理念」と「社員教育」、「人がその会社で育つ」ことに関するユニークな視点が存在しています。

この場合、大事なことは、入社前に外からその会社を見ていたときに抱いていた夢と、実際にその会社に入ったときの現実とのギャップが、大きすぎてはいけない、ということです。たとえ勤め始めた会社での仕事が実際にはハードで厳しかったとしても、その仕事にプライドが持てるような企業風土や価値観、回りから得られる高い評価が確立しているかどうかが大事なところです。

その観点から見ると、同社グループには幸い、そのギャップがほとんど生じていないことを、木川氏は強調しています。それは木川氏自身が10年前にメーンバンクの銀行から同社に移籍したときに感じたものでもあると言います。

「(わたしの場合は)全くそのギャップがありませんでした。これは驚きでした。それぐらい基礎的な経営理念が社内で共有されている。これはわれわれから見るとかけがえのない資産です。だからそれをいかに次世代につなげていくか、ということが、われわれにとっての最大の教育の軸足なのです」(木川氏)

## 企業理念を空疎化させない

では、社訓などに示された企業理念が、ただ言葉で掲げられているだけの空疎なものとならないようにするためにはどうしたらいいでしょうか。

それにはやはり、一般社員がそうした理念に掲げられたような行動を自然にとったり、そうした理念を自然に体現できるような職場の環境といったものを日頃から作り出していることが大事だと木川氏は話しています。

「職場環境だったり、仕事のやりがいだったり、やはり社員満足度が高い、ということが一番のポイントになるのではないかと思います。そういう会社なら、人はある意味で自然に育つのだと思います。人が育つために必要な仕掛けはいくつかあると思いますが、一つはやはり教育です。ですが、ただ教育をして刷り込みをしたって、経営理念が浸透していかなかったら、あるいはその理念がそもそも軸足が明確でなかったりしたら、社員は育たないのです」（木川氏）

木川氏はこのように、企業理念と社員教育、または人が育つということの関係を喝破しています。

そして木川氏は「企業の戦略」といったものは、優秀な人が知恵を絞ればひねり出すことができるけれども、「経営理念の共有」といったものは、誰かがうまくそのシナリオを書いたとしても、そんなに簡単にできるようなものではない、と言っています。

木川眞・ヤマトホールディングス社長

なぜなら、それには長い時間と、それに加えて企業風土や企業のDNAといったような日々の努力がなくては生み出されないものだからです。

「経営理念を形にして見せること。経営理念とか社訓といったものが空疎化するのは、みんなが言葉では言っていても、それが本当はどういうことかが分かっていなかったり、必要なときに自然にそれが行動として示されなかったりするときなのです。

われわれは東日本大震災のときにそれを示すことができました。これはわが社にとって非常に大きな財産になったと思います」（木川氏）

先の東日本大震災のときには、同社グループ社員がこぞって自発的なボランティア活動で活躍しました。会社としても被災地域に対して多額の寄付を行っています。

こうした震災などの緊急事態時に、会社や社員がすぐにこういう行動に移れるかどうかが、その企業に本当に企業理念が根付いているかどうかを判定するいわばリトマス試験紙だと言えましょう。

木川氏もこういうときにこそ企業理念が空疎な言葉だけに終わっていないことが示される、と話しています。

いかに空疎な言葉だけに終わらない企業理念が大事であるかが、木川氏の話から伝わってきました。

## グループ総合力の活用、売る営業からソリューション提供へ

震災のときに社員がとったボランタリーな、自発的な行動というのは、同社の社員

の多くにその企業理念がよく浸透していることを示しました。

こうした社員の自発性を生み出す状態は、多くの会社にとって一つの社員教育の成果だと考えられるでしょう。

同社では既にそういう状態が自然に形作られている段階にあると言えます。実はこの社員の自発性は社員教育の場面にも現れています。

同社グループでは数年前から組織的な研修以外に、自発的・自主的に行われる勉強会が頻繁に開かれるようになっています。こうした勉強会が同社グループはここ数年、非常に増えていると言います。増えている理由は、ここ数年、グループ各社の持っているいろいろな機能を集めて、ソリューションの形でお客様に提供する営業のやり方に変わっているためです。同社グループで第一線に立って営業をする主体となるのは、セールスドライバーであったり、グループ会社の営業マンであったりしますが、ソリューションの形でお客様に提供する営業の形にしていくためには、全てのグループ会社の機能をきちんと理解して共有しておく必要があります。

グループの総合力を活用して、これまでの配送のみの単機能を売る営業から、お客様へのソリューション提供へ転換していく流れです。

「昔は『こういうこと、できませんか?』とお客様からヤマト運輸の社員が聞かれると『すみません、うちにはそういうサービスはありません』と、入り口でお客様のご要望に対してお断りすることがよくありました。でもヤマト運輸にはそのサービスや商品がなかったとしても、グループのたとえばヤマトシステム開発にはご対応できるサービスや商品がある場合もあるのに、それを知らないからせっかくお声がけいただいた仕事を断っているという対応です。こういうことが縦割りの組織ではよく起こります」(木川氏)

そこで同社グループ間の連携が、8年ぐらい前から徹底して行われてきている、ということです。同社グループの営業活動そのものが、グループが連携して最適な手段を提案していくやり方に変わってきており、それに伴って同社グループの研修の在り方も変わってきています。

## エリア戦略ミーティング

たとえば、従来、本社が新しい商品・サービスを企画・開発した場合、それを現場に売ってもらうためには、まず本社から一方的にその新しい商品・サービスについての説明を現場の営業を担当する人に対して行うことが主流でした。

ところがそもそも、その商品・サービスを企画・開発するときに必要となるお客様のニーズは、現場から上がってきたはずです。

そして、そのお客様のニーズは各地のお客様ごとに内容は微妙に違っているのが普通です。

それを新しくつくる商品・サービスに落とし込む、カスタマイズする際には、その様々に微妙に違ったニーズの中から重要なものを取捨選択したり、絞り込んだりする作業が必要です。お客様のニーズが多様化した現在、そうした作業を行う際にはやはり、現場と本部とが密に情報を共有していなくては、広く世の中に受け入れられるサービス・商品にすることは難しいでしょう。

こうした流れから、同社グループでは8年ぐらい前から、「エリア戦略ミーティング」の取り組みを始めています。このミーティングはもともと、研修のために始めたものでした。

それぞれの地方の事業所の事業責任者やその下にいるマネージャーなど、各地の幹部に対する研修です。彼らに対して、社長以下、本社の経営幹部が直接、出向いて情報交換を行うことを目的にしたミーティングで、各支社に年間2回、実施してきました。

そこで個別の案件でのお客様の困りごとは何か、自分たちはそれに対してどういう提案ができるか、または実際にどんな提案をしたか、またそれに対してお客様はどういう反応だったか等――について現場から発表し、本社の幹部はそれを必死になって聞きながら、こうした方がもっと良くなるのではないか等のフィードバックを行ってきました。

このミーティングには本社幹部に加えてグループ各社の事業責任者も同行していきます。それでお客様からのニーズの課題を解決していく際には、様々なグループの機能を使ってこんなことができる、といったソリューションも生み出されることになります。

これはグループ各社の各地域におけるマネジメント層にとって非常に良い研鑽の機会となり、なおかつ、こうしたミーティングをもっと行おう、という自発的な動きに繋がりました。

エリア戦略ミーティングのグループ横断的な考え方はマネジメント層の研修に盛んに採り入れられるようになっており、「マネジメント層の意識がどんどん変わっていった」（木川氏）のです。

## オフサイトミーティングとダイレクトミーティング

事業全般にソリューション型の営業が必要になってくると、現場のトップ自らが営業に出向いて行く場面が多くなりました。

それまで、ヤマト運輸の主管支店長や支社長クラスというと、地元でもそれなりに一目置かれる存在となるので、従来、お客様のところへ自らが営業へ行くということは少なかったわけです。それは一方では提供するサービス・商品が極めてシンプルな時代であったから、それが通用していたわけです。

様々なグループ会社のサービス・商品情報を総合的に把握しながら最適なソリューションをお客様にご提供するという提案型の営業に変わるということは、現場の司令官、トップもまた、従来とは違った高い次元での営業の責任を負う立場になったということです。そうなると、お客様のところへ入ってどんな話をするのか、ということまでもが大事なことになってくるのです。

そのためには高い意識を持った、経営理念、創業理念を共有する現場の管理者を養成していくことが改めて重要な課題になります。

２０１１年から始まった「オフサイトミーティング」は、そういうことが期待されるミーティングの一つになっています。

このミーティングは、始めはヤマトホールディングスの役員から始まりました。

そこでどんなことを行うのか？

最初は社長以下、全役員が普段着で集まって、それぞれが自分の肩書きや会社での立場を離れて、フランクに話をする、ということを行います。１人がほぼ半日間、自分はなぜこういう人格に形成されたのか、あのときこんなことが起きてこういう行動をした、などの話をして、それを周囲の人がずっと聞きます。話終わると、今度は周囲の人たちが上下の関係なく「ここがいけない」とか「それは凄い」という意見を気兼ねなく言ってもらいます。ある意味で、集まった人たちが丸裸になって話をするミーティングとなるのです。

この手法は、外部の組織改革コンサルティング会社が同社に導入をしたプログラムに基づくミーティング方法です。従って、他社でも同様の手法でミーティングを導入しているところがあるかも知れませんが、いずれにしても大事なことは、この研修を行うことで同社にどんなメリットがもたらされたかです。

「参加したみんなが、(半日間に亘って発言をした)その人に対して持つ見方がもちろん変わりましたし、仕事上の中だけでは見えなかったその人の人間的な側面がわかるようになりました。何より良かったのは、それによって会社は社員とどういうことを共有していけばいいか、それを踏まえて経営理念をそれとどう擦り合わせていくべきか、ということが見えてきたことです」(木川氏)

木川氏自身、このミーティングに対して最初はうまくいくのかどうか懐疑的だったそうですが、理念の共有ということでは非常にうまく機能することがわかりました。その結果、経営層から始まったこのミーティングは、今では管理職から一般社員、そしてグループ各社へと広がっています。

同様の趣旨で、このオフサイトミーティングとは別にヤマト運輸の社員を対象に2014年から始まったミーティングが「ダイレクトミーティング」です。

オフサイトミーティングがいってみれば社員同士のヨコの連携を強めるものであるのに対して、ダイレクトミーティングはタテの連携を強めることを期待されているミーティングです。

ここでは経営者が現場に赴き、経営に対する思いを経営者自身が直接伝え、現場社員の抱える理想と現実の矛盾を聞き出しています。これによって、経営者と現場社員が一緒になってヤマト運輸を理想の会社に変えていこうと考え、当事者になって行動していく機会となっています。

## 次世代リーダー塾、ジュニアリーダー塾、CFO養成研修

次世代の経営陣を育てようという目的で、約10年前に始めた研修が「次世代リーダー塾」と呼ばれているものです。

これは、トップ候補を養成することに明確に狙いを定めた研修です。この種の研修には、ほかに「ジュニアリーダー塾」「CFO養成研修」があります。

これらの実践的な研修は、言ってみれば社内MBAといったようなもので、主眼は

経営者としての資質を様々な面から磨くところにあります。自主参加で行っていますが、授業料が無料で研修を受けられるわけですから、やる気のある人にとっては非常に有り難い制度でしょう。

その前段階として、同社グループには階層別の役職者研修養成の制度が2つあります。

一つはグループ各社の一般社員を対象とした「業務役職候補者養成研修」で、半年間の研修を実施した後、「経営役職者」の面接によって最終的な判定が行われます。もう一つはヤマトグループの「業務役職ポスト」以上の社員を対象にした「経営役職候補者養成研修」です。一年間の研修を実施した後、最終判定は役員面接によって行われます。

そしてこの経営役職者及び経営役職候補者資格保持者を対象に、次世代リーダー塾が開かれています。研修は半年間に及び、最終日には役員に対し事業提案の発表を行います。社内ベンチャー発掘の可能性も見越した、ハイブリッドな研修だとも言えるでしょう。

一方、ジュニアリーダー塾は入社2~5年目のヤマトグループの一般社員が対象で、

３カ月間の研修でやはり最終日には事業提案を行います。

これらの研修はもちろん、専門の教育機関が行うようなアカデミックなものではありませんが「非常に多面的に新しい知識が磨かれる」（木川氏）ということで、社内での評判も高い制度になっています。

この研修を経て、卒業生には実際に、かなり若い時期に子会社の社長に抜擢するケースも出てきています。すでにその中から女性の社長も誕生しています。

実際に収支責務を負って会社の経営を任せられることは、座学からでは決して学ぶことができない貴重な体験を得ることになります。そこで学ぶことは非常に大きなものがあるでしょう。

## 再登板・敗者復活・競い合い

若い人が実際に経営をやってみて、ことによっては失敗するケースもありえます。その際、大事なことは、失敗した人を再度、登用する仕組みをきちんと採り入れているかどうかだと木川氏は話しています。

「本当のトップを育てていくときには、そういう仕掛けによって意欲をずっと維持させることが必要だと思うのです。一回失敗してしまったからといって、再チャレンジすることのないままだと、その人の資質は生かされないままに終わってしまいます。当社は失敗していったん経営の立場から退いても、また復活できますから、そういうことでいろいろなことを学んでもらうことになるのです」（木川氏）

いわば敗者復活の制度ですが、敗者復活制度の問題は、漫然とこれをやっていたのではやはり周囲のモラールの低下を招きかねないことでしょう。失敗することに何の咎もないのなら、やはりそういうことになりかねません。

そこで客観的な評価によるポストの入れ替えを行い、自己啓発の意欲を促すことで競争意識を醸成しています。

「杓子定規にそういう制度を導入するつもりはありませんが、やはりそうやって競い合うことが大事だと思います。一度社長になったら安泰、ということはないということです。実績があがらなければ、もう一度ゼロからやり直してもらう、ということです」（木川氏）

再登板制度やポストの入れ替えによる競い合わせなど、同社のリーダー養成の研修は、その課程自体が言ってみれば将来トップとなる幹部の抜擢の場になっているものなのです。特筆すべきポイントは、あくまで個々人の主体性を重んじていることで、ＯＪＴをさらに一歩進めた制度と捉えることができます。

## 挙手方式によるチャレンジ

「経営スキルを磨く、戦略を立てる力、つまり構想力や発想力をきちんとした戦略に作り上げていく能力が、経営者にとって求められる資質です。それは日頃の仕事の中で磨きなさいといってもできるものではありません。だからそれは仕事と切り離して、業務命令ではなく、あなた自身が学びなさい、あるいは意欲のある人は手を挙げなさいということなのです」（木川氏）

この思想は同社のＳＤＩ（セールスドライバー・インストラクター）の海外派遣にも如実に表れています。

いま同社グループではアジア各国を中心とした海外の宅急便ネットワークを拡大していくために、現地社員の教育役として、国内のセールスドライバーの中から、希望者に手を挙げさせて派遣をしています。
最初、ＳＤＩの派遣は人事部が国内のセールスドライバーの中からめぼしい人を選んで送り込むことが計画されていたそうです。しかし社長の木川氏が「選び方がおかしい。まずやりたい人を募るべきだ」と考え、改めさせました。
「人事部の言うように『この人は優秀なドライバーだし、現場の管理をしているのでふさわしい』といった観点で選んでいたら、一部の人は喜ぶかも知れませんが、一部の人には重荷になるでしょう。たとえば言葉が話せないから海外には絶対行きたくないという人もいます。それでは海外で重要な役割を担うべき人が『やらされ感』で働くことになってしまいます。そうではなく、やりたい人がやれば、海外へ行って苦労はするでしょうけれど、基本的にやる気は継続できるはずです」（木川氏）
やる気のある人に手を挙げさせる挙手方式は、人の活用、人が育つという観点で人材教育の面からも無視のできない方策だと言えるでしょう。

## 褒める文化を

この業界の現場には、言ってみれば体育会系の風土があります。厳しく鍛えて育てる、あるいは言葉としては悪いかも知れませんが、しかって育てるという風土です。でも世代が変わり、多様化している現在、こうした風土が人を育てていく上でふさわしいものかどうか。

「特に若い人たちには、しかられることに対してもの凄く抵抗感があります。そこでわたしが思い切ってチャレンジしたのは、褒める文化を採り入れることなのです」（木川氏）。

たとえば社内に立ち上げた満足ポイント制度、通称「満足ＢＡＮＫ」。

社内イントラネット上で記名によって、ということは責任を持って、仕事の上で同僚や部下、あるいは上司、時によっては自分自身を褒めるものです。全て記名なので、誰が誰を褒めているかは一目瞭然です。褒められるとポイントが付き、ポイントに応じてバッジが贈呈されます。

このポイントがユニークなのは、褒められた人だけではなく、褒めた人にも加算されることです。今や9割の社員がポイントを保有しています。

これによって自分の仕事が上司や部下、同僚からいつも見られている、という意識が生まれ、仕事のモチベーションはいやがうえでも高まります。

実際に非常にいい効果も生まれています。部下を思い切って褒めることを続け、業績を向上させた支管支店長が出てきました。

これと同時期に作られたのが「感動体験ムービー」です。各地のセールスドライバーのお客様とのエピソードを写真と言葉と音楽で表現した動画です。同社の経営理念、企業理念がよくわかるように作られているものです。

同社の企業理念を世界に浸透させる有効なツールになるものです。

## おわりに

木川社長は、経営理念を形にすることが大事だという話をされました。形にするということは、「その状況の時に、行動できる」こと。

冒頭に書いた「宅急便1個につき10円の寄付」は、まさに、そのことではないでしょうか。もちろん、大きな決断だけでなく、日ごろも同じです。「ヤマトは我なり」の精神で、社員が行動できるかが大切なのです。

物流は人が支える産業です。ヤマトグループの社員はもうすぐ20万人。その20万人がサービスの主体なのです。だから、まさに、その人達の成長が企業の成長につながります。だからこそ、どう人材を育てるかが重要だという話をされました。

幾つか話された育成プログラムの中で、「次世代リーダー塾」にとても興味を持ちました。なぜなら、自分で手を挙げた人が受けられ、卒業生に子会社の社長をさせているからです。しかも、自主的に受講する16回の講座の最後には、自社の戦略を立てて、木川社長に発表するのだそうです。

自主的に受講し、自分で会社の戦略を考え、それを本当の社長となって実践する教育をしている会社。その真中には、企業理念がある。だからこそ、「その状況の時に、行動できる」人材が育つのだと思います。

# 第3章

## ニトリホールディングス

人が育つ素敵な会社

# はじめに

ニトリの似鳥昭雄会長（ニトリホールディングス社長）とお会いする日の朝5時。新聞の朝刊をひらくと、ブラジルでのインタービューコメントが出ていました。安倍晋三総理がブラジルに居る時です。

そうなのです。私が似鳥会長にお会いする前日に帰国されたばかりで、社内の打合せなどをかいくぐって、対談をして頂いたのです。とても有難いことです。

直前の予定が長くなり、少し押したので、広報の方と話をしていると、突然、ものすごい勢いで、足早に男性が、部屋に入って来られました。似鳥会長です。台風が来たかのようにというと大げさですが、一瞬で似鳥会長のオーラで応接室が満ちました。

商売人。怒られるかもしれませんが、北海道の人というより、私の出身地、大阪、しかも船場商人の空気を感じました。私の実家は光輝物流という物流業を経営しているので、子供の頃より船場など大阪の経営者とはよくお会いしました。なので、とても親近感を感じました。

そして、商売人のニトリ会長から発せられた言葉は、意外な言葉でした。

「ロマン」。これが、人材教育にも経営計画にもつながっていくのです。

## トップクラスの教育制度・教育投資

「当社の教育制度は日本でもトップクラスだと思っています。だからもうしごいて、しごいて、そういう厳しい面も当然、あります。人はしごけばしごくほど優秀な人は残るし、ダメな人は辞めていきますし。当社はだから、人を育てるのが会社の仕事でもあると思っているのです。その人にどんどん、仕事を与えていくのです」

こう話すのはニトリ創業者であるニトリホールディングス社長（ニトリ会長）の似鳥昭雄氏です。

話しの中に「しごき」という言葉がいきなり出てくると、最近では多少、誤解を招くことが多いかも知れません。

しかし、この表現には創業者ならではの仕事への熱い思いが含まれていると理解したほうがよいと思うのです。

創業社長というのは、サラリーマン社長と違って、自分が作った会社への思い入れというのが人一倍、強いものなのです。だからついつい、その話には多少、オーバーな表現が入ってしまいがちになるのです。わたしはそう感じました。

似鳥氏の言う「しごき」とは、教育によって人を鍛える、という意味です。それも別にスパルタ教育をやっているわけでも何でもありません。社員を不当に長時間働かせてがめつく儲けようとするいわゆるブラック企業とはむしろ対極にある姿勢を持った会社です。

同社には入社から3年目まで勤続年数に応じて知識教育や演習といった様々な研修カリキュラムを準備した「ニトリ大学」という制度を始めとして、様々な社員研修・教育の制度が整っています。

たとえばそれ以外にも、4年目以降に義務教育が修了した人が受けられる外部講師を使った「選抜型教育」といったＯｆｆ‐ＪＴ（オフ・ザ・ジョブ・トレーニング＝就業時間内での働く現場以外での研修教育）、ＯＪＴ（オン・ザ・ジョブ・トレーニング＝働く現場での先輩などからの研修教育）の究極とも言える「教育配転制度」（配転教育）や、自社で２００を超えるコンテンツを用意した「ｅラーニング」等のスキルアップのためのツール、そのほか「アメリカ・セミナー」「社内語学能力テスト」「教育資格取得一時金制度」「教育マイレージ制度」等々ここでは書き切れないほどの多さです。

同社が社員の人材教育を行うのは「世界に通用するスペシャリスト」を育成することを目指しているからだと言っています。

そのために、年間では社員1人あたり平均研修時間を約36・6時間もかけています。1人当たりの平均教育費は25・8万円に及んでいるのです。

「教育費にはもう、いくらお金がかかろうが使ってもいいと。制約するなと。だから利益が少しどうかな、というときでも、教育費と出張費だけは削らないですよね」（似鳥氏）と言っているほどです。

同社がこのように人材教育・人材開発に力を入れるのには理由があります。

「わが社の会社の目的とは何か？　それは社会に貢献する、世の中の役に立つ、ということが目的なのです。それがロマンであり、志であると。……ではそのロマンとそれを実現するためのビジョンを達成するには何が必要か。やはり人材、人が必要になってきます。企業は人なりと言うけれども、一番は人を育てるしかない。人によって企業は成り立っているからです。わたしがいくら何を言ったところで、わたしは1人で

しかありません」（似鳥氏）

正に創業者のロマンを実現するための社員教育、人材育成ということです。

モノやお金は残らないけれど、技術は人が継承して後に残すことができる、つまり、人材育成こそが会社発展のための最大の鍵、という考えがその根底にあることがわかります。

そしてそれに加えて、同社は「教育こそが最大の福利厚生」（同社）という考えを持っているのです。

## 創業者のロマン

では創業者・似鳥氏のロマンとはどういうものなのでしょうか。

似鳥氏は会社を創業して間もない、27歳（１９７２年）のとき初めて米国を訪れました。初めての米国訪問は驚愕、感動、感激の連続だったそうです。その体験を通して、似鳥氏はある決意を固めました。それは、米国と比べてあまりにも遅れた日本の暮らし・生活・住まいを、何とかして米国並みに引き上げたい、ということでした。

似鳥昭雄・ニトリホールディングス社長

当時、お金はありませんでしたが、志だけはありました。まず日本人の暮らし・生活・住まいを豊かにすること。それにはどうすればいいか？　自分の会社が目指すべき方向はこの方向だということが明確になりました。

当時の日本の生活はアメリカと比べたら60年は遅れていた、と似鳥氏は言います。だから、会社のビジョンの最終目標年、計画の最終年をそこから60年後としました。1972年から60年ですから、2002年が半分の折り返し地点です。2002年からの30年のうち、最初の10年が2012年に終わりました。

そのビジョンによれば、そこから5年後

の２０１７年には、会社は５００店舗で売上高５５００億円を目指しています。この時点で会社は「日本の暮らしを変革、海外チェーン展開の本格的なスタート」としています。

10年後の２０２２年には１０００店舗で売上高１兆円です。「国内のドミナントエリア化により日本の暮らしを変革へ」というのがその時の同社の姿です。

そして20年後の最終年には３０００店舗で売上高３兆円。「世界の多くの人々の豊かな暮らしに貢献、世界A級の〝暮らしの提案型企業〟へ」という姿を描いています。「日本の暮らしが豊かであったら、わたしたちの会社は何も必要ないと思うんです」とまで似鳥氏は言います。まずは何のための会社か？ではそれを実現するためにはどうすればいいのか？　そのロマンを実現するために、似鳥氏は具体的なビジョンを描きました。

今でも日本の暮らしはアメリカに比べて20年は遅れている、と似鳥氏は言います。ちょうど20年後のビジョンの最終年を想定して言っている言葉でしょう。その最終年までに日本全体の生活・暮らしはどう変わっているのでしょうか。それまでは似鳥氏の挑戦が続いていくことになるでしょう。

## 成功の5原則はロマン、ビジョン、意欲、執念、好奇心

似鳥氏自身、もしくはニトリという会社の「ロマン」と「ビジョン」というのは、前述のようなことになりますが、似鳥氏は会社でも個人でも、こうした「ロマン」と「ビジョン」を持つことが必要なことだと言っています。

そして「ロマン・ビジョン・意欲・執念・好奇心が成功の5原則」だと社内で言っているのです。

実は、これが同社が求めている人材の主な素養でもあります。

この5つを持っている人。なぜなら、そういう人は、たとえどんなところ行こうとも、必ず成功する人になるはずだからです。

「人を育てれば結果的に会社のロマンとビジョンも達成されるわけですから、人にお金と情熱と時間など、全てをかけようと考えています。それで結果として、会社のロマンとビジョンに近づいていくのです」(似鳥氏)。

まず一生涯の目標を持つこと。そうした「ロマン」と「ビジョン」があって初めて、仕事に対してもやる気、「意欲」や「熱意」が出てきます。

そこで大事なことは、その目標、「ビジョン」に到達するまでは諦めない、ということです。

うまくいかないのは途中で諦めるからだ、と似鳥氏は言います。成功するまではスッポンのように食らいついていくことだと言っています。そういう「執念」が必要だということです。

そして最後に必要なのはやはり「好奇心」です。ところが実は、これが一番難しいことだと思われます。なぜなら、最初から好奇心を持てない人に「好奇心を持て」と言ったところで、その人はなかなか好奇心というものは持つことは難しいからです。好奇心を持つには、何かのきっかけが必要です。似鳥氏においては、それは27歳のときのアメリカ訪問でした。

そのためにはやはり、自ら学んだり、本を読んだり、人の話を聞くことなどで見聞を広めることが前提として絶対に必要です。仕事であったら全国を回ったり、現場に行ったりすることがいかに大事であるかがわかります。

身につけたくてもなかなか身につけられない、こうした「成功の5原則」を、身につけやすくする仕組みを、実はニトリは社員育成の制度の中に自然に採り入れています。

たとえばそれは毎年、全国社員の中から数百人規模という大所帯でアメリカを訪問する「アメリカ・セミナー」や、短期間に様々な職場を経験する「教育配転制度」（配転教育）等にあります。

こういう教育を通じて、社員は自然と、仕事に対するモチベーション、働く「熱意」や「意欲」だけでなく、「好奇心」といったような、いわば個々人の知的・性格的資質に大きく左右されてしまう素養までもがうまく醸成されていくようになっていると思うのです。

## アメリカ・セミナー

ニトリの「アメリカ・セミナー」は、米国現地の旅行関係者の間ではつとに有名なイベントです。わたしも現地のガイドさんから「ニトリさんって凄いんですよ。バスが何台も来て」という話を聞かされたことがあります。

このセミナーでは毎年、入社後２〜３年の社員と、それ以上の社歴のある社内昇格試験合格者の合計300人以上が、8泊10日の日程で、アメリカのチェーンストアを視察しています。

似鳥氏が27歳のときに感じたロマン（志）を、全ての社員の人たちも持つきっかけにして欲しい、というのがその狙いです。

「自分で目標を立て、一生涯の生きがいを自分でつかみなさい。そのストーリーを全部組むことから始めてもらいます」（似鳥氏）と言います。

また、このセミナーには入社当時にあった初心を再確認してもらう、という狙いもあります。入社後2～3年というのはその意味でちょうど良い時期なのです。というのも、入社後3年も経つと、人間はマンネリ化してどうしても初心を忘れてしまいがちだからです。その頃になると、中には向上心を持たないまま会社を辞めてしまう人も出てきます。

こうした人材育成・研修費用に何億円もかけても辞めてしまう人がいるのではもったいなくはないか？　似鳥氏は「たくさんの人にチャンスを与えて、その中には必ず、金の卵がいるはずだと。渥美（俊一・ペガサスクラブ元代表＝故人）先生はだいたい100人に1人だと言っていました。500人なら5人はいる。それはやってみなくてはわからない。無駄になってもいいんですよ（笑）」と話しています。

このアメリカ・セミナーは、実は似鳥氏自身のためにも行われているものです。「はつらつとした、アメリカに最初に行ったときの感激がだんだん、薄れていってしまうのです。だから毎年行くことで、ああそうだった、と思い出して、まだまだこれが足りなかった、とか、そういうことを再確認しているのです」（似鳥氏）。

## 究極のＯＪＴ「配転教育」

「本部に5年もいると、買う側のお客様の立場ではなく、本部の立場、ニトリの立場でしかものを考えられなくなってしまいます。それではどんなに優秀な人でも化石になって動けなくなってしまう。5年で一昔ですから、5年も経つと企業も成長しているはずだし、事務機器もコンピューターも新しいものに変わっていますよね。だからいったん現場に戻って、もう一回、勉強してもらわないといけないのです」（似鳥氏）。

軍隊で言えば、レーザーだ、ミサイルだというときに司令部だけが第二次世界大戦で使っていた兵器を頭に描いて指令を出しているようなもの、と似鳥氏は言います。

それでは現場では不平不満が出てくる原因になるでしょうし、全く現場と話が通じないとんちんかんなことになってしまうでしょう。本部にはそういう人はいない方がその会社にとってはいい、ということになります。それよりも、現場に戻って、これほど現場は変わっていたのか、ということを勉強し直した方がいいということになります。

だから同社では本部と売場の人の異動に関しては、「本部に戻る」、という言い方はしていません。「現場に戻る」という言い方をしているのです。むしろ本部には「出向する」といった感覚です。

「われわれは現場に食べさせてもらっている、言ってみれば扶養家族なんです。それを現場にお返しするのが本部の役目です。そこでアイデアが出なくなったら、また現場に戻ってもらう。現場に戻って1年経ってまた本部に来て、長くても5～6年いたら、また現場に戻ります。そうやってどんな人も本部を2～3回、経験します。優秀な人ほど早く動きます。優秀でない人は遅いのです」（似鳥氏）

優秀な人ほど配転の異動が早くなる、というのは、実は教育とは別の側面もあります。

現場の店員で同世代や年下の仲間の中からたとえばフロアマネージャーなどの上級職の人を出すとなると、なかなか回りからはリーダーとして認められにくくなります。それが人の気持ちが司る世の常です。そのために、そういう人を同じエリアの違うお店に異動して昇格するのです。そうして2年ぐらいすると、今度はまた別の店で副店長に昇格、ということになります。その間に本部への異動があるということになります。

フロアマネージャーになるまでがだいたい入社して4年後ぐらいです。そこから2～3年で副店長となります。店長になるまでは早い人だとだいたい入社して8年目ぐらいということです。22歳で入社したら、優秀な人は30歳で店長、ということになります。

この配転教育の狙いは、多くの業務・職種を短い期間に経験することで物事を多面的に考えて実行できる「スペシャリスト」を育成することにあります。

この配転教育のアイデアの基本は、前出の高名な流通コンサルタントとして知られる渥美俊一氏の教えによるものだと似鳥氏は言っています。それをニトリ流にアレンジして作ったのが今の制度だということです。

小売業の基本は現場にあり、という考えに基づいた同社の「配転教育」は、正に現場の仕事を重視する究極のOJT、ということができるでしょう。

## 「マネジャー」と「タレント」

本部に来て商品部のバイヤーになったり、地域の複数の店舗を司るエリアマネジャーになったりするのは、店長になってから後の異動になります。どちらもだいたい、35歳以上からです。

店長を3年ぐらい経験した人の中から、10店舗ぐらいのお店を統括するエリアマネジャーを抜擢しています。

また店長を経験してから本部に行く人は、まず商品の配送を担当するディストリビューターを1~2年経験します。そこは会社全体の商品の発注と売上げ実績の数字がピッタリ一致する仕事ができるような訓練の場となります。その後に、マーチャンダイザーやアシスタントバイヤー、バイヤーなどになることができます。

これらの上級職は「マネジャー」、「タレント」という2つに大区分されます。

「マネジャー」というのは人を1人以上使う人です。実際には、マネジメントというのは40歳ぐらいからの技術で、30歳代の店長はマネジャーではなく同社では「マネージ」と呼ばれています。マネジャーは部下を動かして、その力を引き出し、ある期限内に数字をきちんと一致させることができなくてはなりません。

「タレント」というのは自分1人で成果を出す職種の人です。商品開発やバイヤーなどが代表的な職種です。部下を持たない分、自分で数字の成果を挙げてないといけません。

マネジャーもタレントも、どちらも数字に明確な責任を持っていることには違いがありません。

マネジャーを目指すにしてもタレントを目指すにしても、とにかく最初は店長を経験することが同社では必要になります。

それは、現場での経験こそが大事だという考えが根底にあるからです。ニトリのお店の現場には、およそ300種類ぐらいの作業があります。1週間に1種類の作業をやっていたら、それこそ全部習熟するには10年かかってしまいます。

そこで同社では、社員には皆、現場の全ての作業をマスターすることを目指してもらい、その習熟度別の評価・等級を設け、それに基づいた報酬を決めて、人の育成と同時に生産性の向上を図っています。

全部の作業をマスターして初めて、どの作業にどれだけの時間がかかるか、何人のパートでその仕事をやったらいいのか、ということがわかってきます。それがわかって初めて、人を使うマネジメントに関することができるようになるのです。

現場作業の習熟度に対しては、星取り表のような形の「リザーブ表」というものを作って、それぞれの現場の人の作業ごとの習熟度を見ています。その習熟度で初級・中級・上級と3段階に分けています。

作業はまず100%正確に、しかも決められた時間内にこなすことができることがその完成形です。その上で、早くできればその人はさらに上の級に進むことができます。いくら作業が早くても、正確ではなく7~80%の出来だと、それでは不可、ということになります。

## ウィークリーマネジメント、観察分析判断表と「観分判」教育

同社の社員には皆、「週間報告」（週報）の提出が義務づけられています。その週報は、問題点を発見する「観察」、発見した問題点に対して原因を推定し事実を特定する「分析」、特定した事実に対して応急処置と根本対策を提起する「判断」という3つで構成されています。

社員はこの「観（察）」「分（析）」「判（断）」（観分判）を毎週繰り返すことで、課題に対する論理的思考とそれに基づく立案、行動が可能となるのです。

「問題を発見して、原因を追究し、その原因に対しても仮説を立てて実際の現場に行って現状を知るということです。その結果、『改善案』や『改革案』が生まれます。改善案というのは30歳代までの人が出すもので、40歳代以降の人はもう改革案を出さないといけません。そういう決まりで毎週、月曜日から日曜日までを1週間単位でマネジメントしていくのです」（似鳥氏）

同社の決算は月次ではなく、毎週月曜日を決算日として、週単位で管理をしています。だから「ウィークリーマネジメント」ということになります。

週ごとに、この曜日とこの曜日にはこんなことが必要、といったことを、全ての社員は予め、分厚い手帳に記入します。そうやって1週間ごとの計画を1年の始めに立てます。13週＝4半期で、その計画に対して、実績の結果がどうだったかの評価を行います。

そうすると、もう入社1年目の人でも年間200ぐらい、少ない人でも100～150ぐらいは課題が出てくるそうです。

課題はその取り組みスパンごとに「日課」、「月課」、「季課」、「年課」と分けています。その課題に対して、こうやったらいいという改善案、もっと踏み込んでこういう仕組みにしていったほうがいいといった改革案を出すようにさせているということです。

実際には、全ての社員に「1日1提案」を出してもらうことにしています。ここは質よりも量を問うている、ということです。なぜそうするかというと、それぐらいやって初めて、課題、問題を日々意識して考える、というクセがつくようになるからです。

提案を行う目的が以上のようなことなので、それらの提案内容は実際にはその全てが経営に採り入れられているわけではありませんが、それでも別に構わないわけです。

ただし3カ月に1回は、その改善・改革提案に関する大会を同社では開いています。そこで全ての改善案、改革案の中から優秀なものを表彰して、報奨が出される仕組みです。報奨は金賞で10万円、銀賞で5万円などで、毎回、パートを含む20～30組が表彰されています。

## 教育マイレージ、eラーニング

同社の様々な社員教育・人材育成に関するツールの中でもユニークな具体例を紹介しましょう。

まず社内研修や通信講座、コンクールなどで優秀な成績を修めた場合は「教育マイレージ」というものが付与される仕組みがあります。このマイレージを貯めると指定書籍との交換や、マーケットリサーチのための旅行費用、技術セミナーへの参加特典等々とも交換が可能です。

次に「eラーニング」。同社のeラーニングは、同社が独自に社内で作ったツールです。コンテンツ自体には外部のものも含まれていますが、「労務管理」や「メンタルヘルス」「ビジネススキル」など、すでに200を超えるコンテンツを用意しているということです。社員はいつでも同社のイントラネットを通じてこれらのコンテンツにアクセスできます。eラーニングは自己育成の一環で、受けるときは就業時間外の扱いとなります。

このように社員教育・人材育成に関するありとあらゆることが、同社では考え出されています。

「そうやって社員のモチベーションを高めていくことが大事なのです」（似鳥氏）。

## 人材のスカウト、スカウトされる人材に

プロフェッショナルな人材を社内で育てていくとなると、最低でも20年はかかってしまいます。それでは時間がかかりすぎて、早期の成長を目指している企業には間に合いません。そこで必要な人材はスカウトすることも当然、同社は行っています。そうしなければ前述した同社のロマンとビジョンの実現もまた、遠のいてしまうからです。

「スカウトなしで成功した企業はないと思うのです。急成長するならば定期採用では間に合いません。10年で半人前、20年で一人前と僕らは思っているのです。40歳以上

をスカウト、それ以下の人は中途採用、と呼んでいます」(似鳥氏)

現在、同社は年間約400人を採用していますが、そのうち約50人が中途採用かスカウトの人です。残りが新卒採用ということになります。中途の人もスカウトの人も、新卒同様に現場を必ず経験させています。その上で適性検査も実施しながらその人の適正を見て、その人が本当にマネジャー向きか、タレント向きかを判断してから配属を決めています。

もちろん、スカウトの中には最初から目的の部署にスカウトする、本当の意味でのスカウト人事も同社は行っています。たとえば約10年前にホンダと中国の合弁である広州本田汽車有限公司の社長を退任した人をスカウトして、同社の品質管理を専門に見てもらっています。中国で新しい自動車工場をゼロからスタートさせて経営を成り立たせた人なので、それこそ取引工場から何から全ての生産管理から指導してもらい、これによって同社の製品の品質は格段に向上したということです。

スカウトということに関しては、似鳥氏は社員自身が成長してスカウトされるような人になって欲しい、と常々社内で言っているそうです。

「会社のためとか、俺は社長が好きだからやっているんだ、と言っても、では会社が潰れたらどうするのか、社長が突然、亡くなったらどうするのですかと。売上高が何兆円になろうと、そごうだってマイカルだって潰れるのだから。自分の技術・技能を磨いて持っていれば、会社が倒産しようが、どこにいようが、前の給料の1・5倍も2倍も出してもらえるようになるのです」（似鳥氏）

もちろんスカウトされては困る人ならば、会社はその人を引き留めることになるでしょう。給料を1・5倍出すと言うならこちらは2倍を出す、ということになるかも知れません。逆にスカウトが来ない人はたいしたことがない、ということになります。

まことに人材育成に先進的な会社、人が育つ会社はどこも似ていると思うのは、この社員と会社の関係は、別章のセブン&アイ・ホールディングスで「会社と社員の競争状態」と言われる状態と同じことを示しているからです。

似鳥氏は付け加えて、こんな特ダネ的なエピソードも紹介してくれました。

「わたし自身、スカウトがかかっているんですよ。早く社長の座を誰かに譲って一緒に会社をやってくれないか、という人からです。1億円でも2億円でも出すと言っていますが、いくら何でもそれは引き受けらないですよね（笑）。だってお金の問題じゃないからです。今やっている仕事がまだまだ未完成ですから」（似鳥氏）

## 抽象的な言葉は禁止

「当社が人をスカウトできるのは、1人当たり粗利益が高いから、それができるのです。よその会社はだいたい600〜700万円というところですが、当社は約1700万円あります。それで高い給料を出すことができるのです。全員が高いということではなく、出来る人にはどんどん出す、ということです。他社はスカウトしたくても生産性が低いからそんなに出せません。だからスカウト出来ない。1千万円、2千万円という給料はなかなか出せないでしょう」（似鳥氏）

だから同社でマネジャーとなった人の目標とすることは、とにかく生産性を上げることだと言います。

生産性を上げるには、できるだけ少ない人数で1人当たりの粗利益をいかに上げるかに尽きます。

日本は全般的に先進諸外国に比べてホワイトカラーの生産性が低いと指摘されています。生産性を上げるには、10人でやっていた仕事を5人でできるようにしたらどうするか、といった皆が知恵を絞って考えなくては実現できない工夫が必要になります。そういう社内の工夫なくしては生産性は上げられません。

生産性が上がらなくては結果的に優秀な人材は集められません。優秀な人材が集まらなくては結局、そういう工夫も出てきません。つまりはそういう好循環が作れなくなるのです。

計画を立てて、指示命令を出し、報告をさせて改善、改革を行う。こうしたことを全て論理立てて、科学的に、数字で表す、というのがニトリ流の経営だと言います。だから抽象的な言葉は社内では禁止されています。たとえば「多様化している」といったような表現です。

「数字が入らない会話は遊びです。その会話は無駄な時間になります。話を聞く方も、話す方も、必ずお互いに数字を入れて話し、数字で答えられるようにしよう、と言っています」（似鳥氏）

## 仕事のモチベーション、ストックオプション

「一番大事なのは、志とビジョンなのです。売上げとか利益が目的だという会社とは違う方向に行っています」（似鳥氏）。

儲ければ何をやってもいい、という会社とは正に正反対の方向を同社は目指しています。最近では特に、儲ければいいという会社が多くなってきているようです。マスコミを含めて、そういう傾向が増えてきています。

「それではダメだと。人の役に立たないとか、不利益になることはやってはならない。商品に何か不具合があったら全部、責任を持って取り替える。だから当社は基本的に返品、返金はいつでもできます。その上、家具には5年保証を付けているのです」（似鳥氏）。

返品ＯＫしかも5年保証、というのはしかし、真面目に取り組む会社にとっては非常にたいへんな取り組みになることでしょう。さすがに社内からもこれを導入するには最初、反対が出されたそうです。

それでも導入することになったのは、それは社員のためにもなる、という似鳥氏の

強い思いがあったからです。

取り扱う商品アイテムもどんどん増えていきていますから、そうなるとなおさら、こうしたことを導入するとたいへんになります。ならばむしろ、返品が起きないように、保証期間中に不具合が出ないように、その商品の質をどんどん高めていくしかありません。社員には、こうしたことを導入したことで逆に、このように商品の品質を高めていこうという動機付けを全社的に与えるきっかけになっているのです。

会社が成長する原動力はやはり社員のやる気、モチベーションがいかに高いかが大いに関係しています。そういう点で同社は27年間連続の増収増益によって、社員には相応の給料が保証され、高いモチベーションが維持されています。

たとえば年間の業績目標が達成されたときは、年間約5カ月の賞与以外にさらに1~2カ月分の特別賞与が支給されています。

加えて、自社株式のストックオプション制度も平成元年の上場早々から採り入れています。

上場したばかりの頃に株式を手に入れ、その後のお勧めに全て従って株を買い増ししていたら、今やその価値は3~4億円にはなっている、とのことです。実際にそういう社員がいて、役員よりも持株数が多いとのことです。ストックオプションの株数は、全体で70億円ぐらいに達している模様です。

超高齢化で年金制度が不安の今の時代、年間2百万円程度の年金と退職金だけで退職後、夫婦2人がその後20年間も暮らしていくには非常に厳しいでしょう。同社のストックオプションはそれを補って余りあるものですが、それもこれも同社の業績が堅調で株価が安定上昇していることが前提に必要です。

そのためにも優秀な人材が必要だということになります。

## おわりに

対談を終え、会長というよりも創業者と冠を付けたくなりました。創業者は独特の雰囲気を持っています。私も創業者なので言えますが、創業者は一癖ある人ばかりです。

この創業者の似鳥会長が、「ロマン」を皮切りに話した人材育成の内容は、ハッキリ筋が通っていて、ここまでやれば人が育つと感じるほど厳しいものでした。

ロマン「住まいの豊かさを、世界の人々に提供する」を実現するには人を教育育成する必要があるという考えです。そのため、先に書いた、年、四半期、週、曜日でのＰＤＣＡやキャリアパスや配転教育により、ＯＪＴをしています。

一方、教育は最大の福利厚生だとも考えています。実際に、一人あたりの平均教育費用は約２５・８万円です。また今年アメリカセミナー（米国視察研修）にパートさんも含め８８０人が行くそうです。従業員さんは、うらやましいですね。

ＯＪＴだけでなく、これほど、教育研修に投資され、人が育っているからこそ、ロマンの実現に向けて、27年連続増収増益をし、２０３２年、世界３０００店舗実現に向けて出店し続けるでしょう。

このすばらしい企業には、ロマンとそれを実現する人材、そしてその人材を作る人材教育プログラムがあります。これからも快進撃を続けられることでしょう。

# 第4章

## 人が育つ素敵な会社
## ジャパネットたかた

# はじめに

長崎県佐世保。この街に来るのは、生涯2回目。前回も、今回も、ジャパネットたかた髙田明さんに会いに来ました。

ちょうど訪問する1カ月前に、社長を退任され、副社長の髙田旭人氏に引き継ぐという発表がありました。4カ月前の前回の訪問の時に社長交代が話題になりましたが、まさか本当にされるとは思ってもみませんでした。

65歳という若さでの英断には感服しますし、「光輝物流」の社長を務める74歳の父を持つ息子として、髙田さんはどういう想いだったのかというのは、とても気になりました。

佐世保駅前で佐世保バーガーを食べ、タクシーに乗り込み、本社にやってきました。そうすると、入口前には、『財界』経営者賞を記念した植樹があり、周りに対する配慮思慮の素晴らしさを再認識しました。実は、前回、私が写真を一緒に撮りたいと言った時に、わざわざ社長室まで、角井の本を取りに行かれ、私の本を宣伝するかのようなポーズでツーショットの写真に収まって下さりました。本当に周りに対する配慮が

ジャパネットたかたの本社

行き届き、周りへの感謝も欠かさない人。

それが髙田明さんです。

また、お会いできると興奮しながら、中に入りました。

## 65歳でトップ交代を決断

２０１４年７月、ＴＶ通信販売のＭＣ（司会者）としてお茶の間ではすっかりお馴染みのジャパネットたかた代表取締役・髙田明氏が、15年1月に同社の社長を退任することが発表されました。後任の社長には明氏の長男である副社長の髙田旭人氏が就くことが決まっています。

ジャパネットたかたは、髙田明氏が

1986年に設立した会社ですから、創立29年目に二代目への代替わりを果たすことになるわけです。

ちなみに二代目社長となる旭人氏は1979年生まれで、交代発表時は35歳とたいへんに若いです。2002年に東京大学を卒業後、証券会社などを経て03年ジャパネットたかたに入社、12年から副社長として経営をサポートしてきました。

髙田明氏は1948年（昭和23年）11月生まれで交代発表当時、65歳でした。65歳でのトップ交代は、一般的にはやや早いのでは、という見方もされましたが、この決断について髙田氏は「タイミング的にはちょうどいいと思っています」と話しています。

ジャパネットたかたは、2014年1月現在、総従業員数（アルバイト・パートを含む）が611人となり、13年度の売上高は1423億円でした。グループのコールセンター会社には、さらに1000人以上の人が働いており、この両事業会社の上に持株会社が作られています。

髙田明氏は71年に大阪経済大学経営学部を卒業後、ねじ製造機メーカーの阪村機械に入社し、欧州などに駐在しました。74年に父親が経営する有限会社たかたカメラに入社し、78年に佐世保営業所が設立されて所長に就任しました。奥様と一緒に店を切り盛りし、観光客を相手に月500本もの撮影を行いました。そして86年、独立してジャパネットたかたの前身となる株式会社たかたを設立したのです。

当時はソニーの特約店として店頭でビデオカメラなどを販売しており、多いときには月100台ものビデオカメラを販売したそうです。販売実績が九州第2位となることもあったということです（以上は『財界』2003年12月2日号の記事から）。

今回の社長交代は、TV通信販売事業で急成長してきた同社が、会社の規模が大きくなってきたことで、次の時代に向けてさらなる成長を目指していくためには、ここで一回、人材育成を含めた様々な会社の組織作りを改めて行っていくことが必要だという判断で、その組織作りを含めて若い二代目にそれを任せていくことにした、というものだととらえることができます。

## トップダウン型から「社員が自分で考える」経営へ

「今、関係会社までいれると1000人を超える規模になってきました。会社にはやはり段階があると思うのです。創業期、成長期、安定期といった。長く続いていく中では、その企業の年輪とともに、会社の仕組みや、やり方もどんどん、変わっていかなくてはいけないと思います。創業期の組織のままでは成長期や安定期のときとは合わなくなってきます。今度の社長交代は、会社がそういう時期に入っているということだと思います」（髙田氏）

これまでのジャパネットたかたは、創立以来、言ってみれば髙田氏が、トップダウンの形であらゆる意思決定を行い、切り盛りしてきた会社だったと言えます。

その企業風土を、今回のトップ交代によってガラリと変える、ということになるかも知れません。

「経営者としてはトップダウンでやってきました。それで引っ張ってきたのです。だから決断は早かったですね。スタジオを作るぞ、ビルを作るぞ、東京にも作るぞと、もう思った瞬間に動いてやってきました。それがわたしの特徴だったのでしょう。でもトップが走り続けていたから、社員に考えさせる前に答えを全部わたしが出していましたから、（社員は）自分で考えることがなくなった、と副社長（髙田旭人氏）は言うのです。その通りだと思うのです」（髙田氏）

二代目・旭人氏の経営スタイルは自分とは全く違う、と高田氏は言います。まず、社員に考えさせるのです。それで失敗しても本人が考えてそうなったのだからそれでいいと言うのです。考えた結果ならば、2勝8敗になってもいいとまで旭人氏は言っているそうです。

やはり今回のトップ交代は、社員の仕事のやり方を変えていくことになるのは間違いなさそうです。

「副社長が社長になって、全てのことを自分で考えなくてはいけないぞ、ということを社員は常にわたしから言われているので、そこはそれだけで非常にいい改革になっているのです」(高田氏)

## 創業者・高田明氏のやり方は「9叱って1褒める」

創立期以来、高田氏の社員の教育方法とはどんなものだったのでしょうか。

お茶の間で見る姿からは周囲を明るくする気さくなイメージが浮かびますが、社内ではかなり厳しい社長のようです。

「よく教育関係の本などでは『8褒めて2叱る』『9褒めて1叱る』というような話がありますます。だいたい褒める方が多い比率が書かれていますが、そこは内容の解説がいるでしょう。わたしの場合は表面的にいえば、『9叱って1褒める』のです。なぜかと言うと、褒められると人は勘違いしてしまいますよね。9褒めていると、自分はずっとできていると思ってしまいます。褒める指導は、褒めたあとをどうフォローするかという仕組みまで考えていかないといけません。褒めるだけでは組織がすごく弱くなってしまうと思うのです」（高田氏）。

創立以来、先頭になって突き進んできた高田氏ですから、その経営スタイルはどちらかというと、自分がとにかく動いて周囲の人はそれに付いていく、というものがこれまでは多かったでしょう。今でも自身で通販番組のMC（司会者）をやりながらグループで1000人を越える企業の経営トップも務めるということをもうずっと続けているわけですから。

「わたしはマニュアル化がなかなかできない男なので、自分が先頭を走って、その姿を見て、スキルもマインドも、どう考えるかといったことも感じ取って下さいと社員には言っています」（高田氏）。

「パーフェクトな人間というのはいないのです」と髙田氏は言います。

だから髙田氏は部下や社員全員に、自分を、いいところも弱いところも見てもらい、いいところは真似をして、弱いところは改善をしていって欲しい、と真剣に考えていることが、その話からは伝わってきました。

## 社員も経営者も「全体でボリュームアップを」

これまでトップダウンでやってきた髙田氏ですが、髙田氏自身は組織的な人材育成の重要性については、やはりしっかりと認識している経営者であることは次のコメントからも明らかです。

「人材育成は大事です。人を残すとか、人を育てる、ということは、企業を大きくしていく中で、それがなかったらできません。『企業は人なり』ですから、その人をどう作っていくかは会社の理念とも関わってきます。人の育て方はもう、ずっと課題として持っています」（髙田氏）

ただ、人材育成制度などの会社の組織的な体系を作る上で一番、注意しなくてはいけないことは「仏作って魂入れず」ということでしょう。そこは髙田氏も大きく注意を払っています。

「教育制度、仕組みをつくることはすごく大事です。でも仕組みをつくるだけでは、これは全然、効力を発揮しないです。仕組みがないと効力を発揮するレベルまでいけませんが。わたしがこれまであまりマニュアル化しなかったものを、いま人事で作っているのです。それで制度を作ったときに、今度はその制度に当てはめていったとき、その後にどこまでフォローをできるのかが大事です」（髙田氏）

要は、企業をいかに存続させるか、ということが今回のトップ交代の最大の動機となっていることがこれらの話からは伝わってきました。

その課程で、髙田氏が、トップと社員の関係、特に創立社長の会社におけるその関係について、ユニークですが、ある意味で的を射た視点を披露してくれたので、それを紹介します。

「会社のいろいろな責任者がどんどん出てきても、結局、社長のレベルにしか社員はいかないと思うのです。親の姿以上に子どもは育たないのだと思っています。だからその上司の格でその会社の、その部署の形がわかるのです。それ以上に飛び越えてくる部下がいたとしたら、その人はその会社に不安を持てば辞めていきます。なぜならそういう人はもっと高いところを求めていきますから」（高田氏）

「社員はその会社の社長以上にはなれない」と言っているわけですが、その場合、会社全体がさらにレベルアップを目指すには結局、次のようなことにならなくてはならないでしょう。

「やはり（社員と経営者が）一緒になってボリュームアップして、力をつけさせていかなければいけません。これは創立社長が引っ張ってきてある程度、形ができて売上げなども安定的なところまで来た企業はどこでも行き当たる問題ではないかと思います」（髙田氏）

こういうことを乗り越えて、「たとえば１００年続く企業があるのだということではないかと思うのです」と髙田氏は話しています。

## 共通の理念を持つということ

社員教育ではよく、『スキル』と『マインド』をどう育てていくかが言われます。

スキルとマインドの両方を同時に育てていくのは難しいことです。いったいどのレベルまでスキルとマインドを高めていくか、取り組み出したらそれはキリがない取り組みになるでしょう。

大事なことは、どこにその社員教育の焦点を持っていくかです。

高田氏は「社員が1000人、2000人の規模になってくれば、その社員全てを100％の状態にしていくのは難しいことだと思いますが、目標としては全員を100％、自分たちが掲げる『理念』に近づけていく、ということだと思います」と話し、社員教育の要諦は、共通した理念をもった社員を1人でも多く作っていくことにある、という趣旨の見方を示しました。

それにしても100％全員をそういう社員にしていく、というのはかなりチャレンジングな目標設定でしょう。

「理念を持った、本当の本物の社員にしていくこと。1000人いたら、仮に800人までできた、というのでは、あとの200人ができていなかったら、これはゼロに等しいとわたしは思っているのです。900人でもゼロに等しい。結局、目指すところは、可能かどうかはわかりませんが、会社に入りたての新人からベテランの人まで、マインドを一緒にさせていくことです」（髙田氏）。

それが完成されたときには、かなり強力な会社組織が出来上がることは間違いないでしょう。そうでなくも今の時代は、様々な価値観をもった人が多くなっていますから、共通の理念、同じような価値観を持った人をどうやって育てていくかは、企業の永遠の課題でもあるでしょう。

加えて今日は企業のグローバル化が一層進んできている時代です。会社にはこれから、それこそ様々な国からいろいろな人が参加してくる可能性もありますから、少なくとも共通の理念を持つ人が集まる組織にしていくことが重要になるのです。

「会社がグローバル化していくとき、一番困ることは、いろいろな国によって考え方が全く違うことです。それを一つに束ねていく『理念』がやはり大事なのです」と髙田氏も言っています。

## 企業理念――ジャパネットたかたの「クレド」

ジャパネットたかたは「クレド」という企業理念を設定しています。

『モノ』の向こうにある生活や変化を伝えたい。より多くの人々の『快適ライフのパートナー』を目指して」（必要とされる人と企業であり続けたい）――これがジャパネットたかたの「クレド」というものです。

クレドとはラテン語で「信条」とか「志」を意味する言葉で、企業活動においては企業理念を指す言葉として定着しています。会社の信念を言語化し、経営者や社員が取引先やお客様にその姿勢を表明し実行するものです。

ジャパネットたかたでは、このクレドを印刷して社員がみな、携帯できるようにし、社外の取引先にも3つ折りの名刺大のカードを渡しています。

社外用の中面には「『ジャパネットで買ってよかった』と思われるサービスを末永くお届けしていくために…」として「事業方針」と「4つのミッション」というものが掲げられています。

事業方針には「自前主義」と「メディアミックス」の2つの項目があり、その詳細についてもそこに記されています。

4つのミッションとは、1「商品の先にある『生活』や『感動』を届けること」、2「身近で便利で安心・快適な買い物手段であること」、3「商品の最大限の価値を伝えること」、4「楽しさ、面白さ、元気を与えること」――の4つで、それぞれその詳細がやはり記されています。

「ジャパネットは絶対に世の中に必要だと言われる会社にしてほしいですね。お客様から、ジャパネットがなかったら困るんだよ、と言われる会社に、社員の力でしていってもらいたい」（高田氏）

高田氏は企業理念のようなものの重要性を次ぎのように語っています。

「理念はなぜ必要か。それは何か重大な問題が起きたときに軸となってくれるものだからです。理念に則って考えたら全ての回答が出るのです。たとえばリコールしなくてはならない問題が起きてリコールすると会社が倒産するかもしれない、というときでも企業理念に則ったら、リコールしなくてはいけません。結局、リコールしたことで倒産は免れ信頼が増したり、一方リコールしなかったらそのことがばれて信頼は失われ逆に倒産するかもしれません。このように理念があるから信頼も生まれるのだと思うのです」

そのような企業理念を会社全体に浸透させていくには、やはり会社の中にしっかりした社員教育の体系を作っていくことが第一に必要です。

「まず仕組みを考え、日頃から社員の感性を磨いていかなければいけません。わが社はまだまだそこまでできていません」（髙田氏）と、この取り組みに関しては全幅の信頼を置いて二代目に任せていくことを表明しています。

## 「やっているつもり」をなくしていく

「わたしは今日も朝から5時間ぶっ続けで、テレビカメラの前に立って話しています。65歳にしてです。今日はあと2時間分まだ残っています。ラジオでは24年、テレビでももう20年続けています。きついとも何とも感じないですね。なぜならこれが自分の使命だと考えているからです」と髙田氏は話しています。

髙田氏は社員1人1人が「自分の使命を果たす」という考え方が染みつくまで、社員の仕事のレベルを持っていきたいとどうやら考えているようです。

「わたしはこれで自分の使命を果たしていく。使命を果たす人というのは、本気になって取り組んでいる人です。やらなければならないことを一生懸命やりながら、それで目標に向かっていく。それが将来、どういうことになるのかは、いまの課題としてとらえています」（髙田氏）

しかしそれを人に強要することはできません。それでは教育にならないからです。どうやって社員の仕事を使命感に結び付けるかに悩んでいるようですが、一つのアドバイスの言葉をここで贈っています。

「若い人に対しては、だから、『妥協してはいけない』ということしか言えません。何となくうまくいったときにも、これでうまくいったと勘違いしてはいけません。うまくいったと思った瞬間に成長は止まるんです。だからわたしは一回もうまくいったと考えたことがないんです。ハードルを上げることを止めません。自分の中にいつも課題を持っているのです」（髙田氏）

さらに妥協してはいけないと言いつつも、その結果は必ずしも完璧なものにはならないとも言っています。

「パーフェクトはない、ということをわたしは数字で考えるようにしています。たとえば商品を1000個買ってもらえたら、どうして2000人の方に伝えられなかったのか?と考えます。絶えず心の中で繰り返しそういうことを考えています。今でもそうです。今を一生懸命に生きているから、あまり、というか全く、過去のことで後悔することはありません」(髙田氏)。

過去にとらわれず、かといって未来に関しても執着していません。「20年、30年後に自分がどうしたい、ということはありません。とにかくやり続けることでしか、明日の自分は作れないと思うのです」(髙田氏)。

従って現在の課題に一生懸命に取り組む社員、というのが社員教育によって完成された社員の理想の姿だということになるでしょう。

それゆえに、そこで一番排除しなくてはいけない勤め人の悪弊というのもあります。それは仕事を「やっているつもり」になることです。

「人材育成では『やっているつもり』をなくしていくことが大事なことだと思っているのです。『やっているつもり』になると、人は成長が止まってしまうからです。自分はどういう人間であるか、ということを自分で客観的に見る、自分の力が本当にあるのかないのかを客観的に見ることができる人を育てることが大事なことだと思いま

す」（髙田氏）

## 世阿弥の「離見の見」

仕事を「やっているつもり」をなくしていくには、自分のことを自分で客観的に見ることができる姿勢が大事です。究極的にはそういう人を育てていくことが、髙田氏が考えている社員教育の最重要ポイント、ということになります。

髙田氏は最近、能楽の世阿弥が書いていることに興味を持っていろいろな書物を読んでいるそうです。

「自分で自分のことを客観的に見られる人。そういう人を育てること。これは世阿弥が『離《り》見《けん》の見《けん》』といって非常に重視していることです。離れたところから見る、お客様の立場から自分を見るということです。これに対する言葉が、我《が》見《けん》の見《けん》です。これだと自分のことしか見えません。わたしはここ数年、ずっとそう感じています。自分だけを見ていると、お客様のことは忘れてしまうのです」（髙田氏）

とりわけＴＶ通販を主体でやってきた会社だけに、一見、華やかに見えるＴＶでは、とかく番組登場者ばかりが騒いでいるように視聴者からは受けとめられてしまう場面が多々見受けられますが、そういう部分を髙田氏は厳しく諌めています。

「TVに出ている人たちが自分たちだけで騒いでしまうと、TVを見ている視聴者からは『自分たちだけで何を騒いでいる。関係ないね』という感情を持って受け取られてしまいます。わたしたちはお客様が視聴者ですから、そういうことをいつも考えてものを売っていかないといけません。だから離見の見を大事なことだと思っているのです」（髙田氏）

もちろん、世阿弥の本に書かれたことに反応できる社員になってもらうには、相当に自己鍛錬のようなことが必要になるのは言うまでもありません。

「人の立ち位置を見所《けんしょ》と言います。自分がどういう立ち位置にいるか。わたしはこういうことを言葉でも社員に説明するのですが、説明を聞いた社員が自分はなるほどそうだったのか、といって気付くレベルまで来てもらえるかどうかは、それはわかりません。自分の行動というか自分の変革、人間形成がそういう方向に向かっていない人は、そういうことは100回言われてもわからないからです。本を読んでもそれはわかりません。世阿弥の本を読んだときに、自分の行動の中に一致するものを見つけ出

せるところまでくれば本物です」（髙田氏）
社員教育の場で果たして、そこまでの人材を育成することが可能かどうかは見方が分かれるところでしょうが、これが髙田氏の考える人材教育の究極の姿なのです。
「こういう人を作ることが、本当の教育だと思うのです。そういう人が集まると、企業はすごく強くなると思うのです」（髙田氏）

## 「自己更新」「プロセスの徹底」

全ての社員に世阿弥のレベルを求めることが果たして正しいかどうかはわかりませんが、少なくともそのプロセスを学ぶことは無駄なことではないでしょう。

その一つのキーワードが「自己更新」というものです。

「全ての社員にそれを求める必要はないかも知れません。1000人、2000人の人全員に求めていくことが正しいのかどうか。迷惑をかけずにやるべきことをしっかりやって、あとは自分の時間を十分に使いたいという人が、どちらかというと今は多いですから。それはそれでいいと思います。ですから最近は『自己更新』しなさい、

とよく言っています」（高田氏）

自己更新は、高田氏自身も行ってきたことだと話しています。

「自己更新という言葉も世阿弥の言葉です。まさしく自分はそうしてきたと思います。TVの前に立つと、今でも20年前と同じことを考えているのです。どれだけの人に伝えられたのかと。そこはブレることがないのです。自分を高めたいという気持ちがすごく強くて、一歩一歩それを高めていきたいと思います。『見所』を求めている、ということです。これが自己更新なのです」（高田氏）

自己更新を行うために必要なことは、結果よりもまずプロセス（課程）を重視することだと言います。

「結構、プロセスを大事にしてい

高田明・ジャパネットたかた社長

ます。プロセスを徹底してやることによって、自分を高めていこうとしているのです。結果的にそれが簡潔主義を目指しているのかも知れません」（髙田氏）

「自己を更新することの大前提は、自分で自己を理解することです」と髙田氏は話しています。だから「自分で自分のことが見えていなかったら、自己更新の方法はわかりません」（髙田氏）ということになります。

このような精神的な鍛錬に近い世界はしかし、言うは易し行うは難し、の世界です。

「わたしはそういう生き方を社員みんなに求めてしまうことがあるのです。だからそれはきつい部分があるかも知れません。そこはやはり悩みどころでもあるのです」（髙田氏）と、率直に話しています。

## 「徹底」と「謙虚さ」

プロセスを徹底するということは、何につけものごとを徹底して行うということに繋がります。

「わたしはだから、徹底するということにはものすごいこだわりがあるのです。ＴＶ

でＭＣをやっているときは、売れなかったら自分が一番、悔しいです。もちろん社員にも厳しく言いますよ」（髙田氏）

徹底的に行うから、失敗したときも悔しさも人一倍、ということになるわけです。「悔しいからもっと勉強しようと思いますよね。悔しいと思わない人は勉強しません。社員が決まり切ったことだけをやっていたのではその企業は強くなるわけがありません」（髙田氏）

若い社員には特に、そういう精神は少なくても学んで欲しいという気持ちを髙田氏は強く持っています。

「若いうちにはもう貪欲に、どんどん何にでも、上司の言うことや経験者の言うことを吸収していく、真似をしていくと言う気持ちをやはり持たないといけないと思いますね。これにはある意味で謙虚さが必要なことなのです。人は謙虚さを持たないといけません。謙虚さがなくなったら、おごりになった瞬間に人間の成長は終わります」（髙田氏）

これは正にそういうことでしょうと納得できる話です。社員教育だけではなく、全てのことに当てはまることだと思います。

「やはり名人というレベルになればなるほど、『できていない』という言葉を連発すると思うのです。それはなぜかというと、さきほど話した自己更新をしているからです。著名なお坊さんや哲学者、経営学者のドラッカーなど皆そうですね。だから彼らからは学ぶべきことが多いのだと思います」（髙田氏）

「謙虚」であることから見えてくること、実現できることがたくさんあるという、人生訓に近い含蓄のある話です。

「人は変えてくれません。自分でしか自分のことは変えられないんです。だからまず自分を信じる気持ちは絶対必要です。自分ができると思わなくては変わりません。今度はそれがおごりにならないように気をつけることです。できていないことは素直に認める勇気が必要です。それが謙虚さです」（髙田氏）

さて、ここで髙田氏は、多くの人が行いがちな謙虚さのはき違えについて、ひとつ注意喚起しました。それは以下の通りです。

「でも謙虚さという言葉を、勘違いしている人も多いと思います。発言する人は謙虚ではない、というのは間違いです。発言しない人が謙虚なのではありません。議論をすることと、謙虚さとは全く次元の違うものだと考えなくてはいけません。妥協はしてはいけないのです。仕事でもそうです。妥協していいものはできません。徹底的に議論はすることです。その中で謙虚さが保たれなくてはいけないということです」（髙田氏）

いずれにしても次の世代にバトンを渡す機は十分熟したというのが髙田氏の判断です。その判断の上で最後に強調したのは以下のことです。

「私は本物を目指させるような教育をやりたい。わたしがやらなかった組織でそれをやっていくことは、副社長（2代目社長）が本当にうまいのです。回りの社員たちもすごい。今までわたしが言ってきたような仕事の本質を上司が部下に伝えていける組織になればと思います。この闘いがジャパネットたかたの品質をどこまで上げていけるかです」（髙田氏）

## おわりに

対談にご用意頂いた応接室の中には、若い人を中心に7人の方が同席されました。

2015年1月に社長を退任され、会社を去るわけではありませんが、髙田氏の言葉を「少しでも吸収しよう」「吸収したい」という気持ちの現われでしょう。

その環境の部屋で、私がこの対談で感じたこと。それは、「髙田明氏は本当に自分に厳しい方だ」ということです。

なぜなら、いくつか出てきたキーワードで、特に繰り返された言葉の1つに、「自己更新」があります。自分を客観的に見て、「まだ自分には出来ていない」と認識して、自分をさらに高めようとすることです。

その他、「うまくいったということはない」「妥協してはいけない」という言葉でも感じたように、完成や完全には至っていないのだから、どんどん改善改良して、高みを目指そうとされているのです。本当に、自分に厳しい方です。

そういった方なので、人材育成は、「俺の背中を見ろ」タイプです。自分の徹底した取り組みやその姿勢を見て、学んで欲しいという想いを持たれています。

一方、後継者の旭人さんとは、一度六本木オフィスでお会いしました。髙田明氏も言われていましたが、真逆の方です。髙田明氏のやっていることを分解して、機能を人に振り分けていくのだそうです。

それを見て、髙田氏も社長を引き継ぐと決められたのではないでしょうか。

また、こうも言われました。65歳だから、何かあっても手伝うことができるから…と。従業員の生活に責任のある経営者として、また親として、決断をされたということがよくわかりました。

また私のお世話になる岡本権宮司さんの居る春日大社に縁が深い世阿弥を研究されているのは、いかに自分の考えや想いを代々伝承していくかを使命として感じられているかと察しました。来年も佐世保におじゃまして勉強させて頂きたいと思います。

# 第5章

## 人が育つ素敵な会社
## 三越伊勢丹ビジネス・サポート

# はじめに

比較的新しい駅。東新宿駅。そこに隣接して再開発されたエリアがあります。商業施設、高層マンション、オフィスビル。その真新しいオフィスビルの15階にお邪魔しました。もちろん、新しいオフィスです。

今回おじゃましたのは、三越伊勢丹ビジネス・サポート様（以下、ＩＭＢＳ）。機能子会社での人材育成を学びたいと思い、特別にお願いしました。

そう、名前の通り、伊勢丹と三越の子会社で、物流子会社同士が統合して出来ました。物流子会社と言っても、親会社の物流受託をメーンとする会社と、外部受託を目指す会社の2種類がありますが、その2種類が統合されました。

もちろん、理念も教育方法も違いますし、その状況で、どのように人材育成をされてきたのか？　または今後されようとしているのか？　とても興味を持って、参上しました。

白い内装の会議室でお待ちしていると、とてもおしゃれで、ダンディーな助川裕爾社長が入ってこられました。

## 親会社より先行した経営統合

１６７３年設立の越後屋を発祥とする三越、１８８６年（明治19年）創立の伊勢丹。この百貨店の老舗である両社が経営統合することを発表したのは、２００７年のことでした。

以来、この老舗百貨店2社の経営統合作業が着々と進められてきたわけですが、この2社はともに物流の子会社を持っており、その両社の物流子会社が三越伊勢丹ビジネス・サポート（ＩＭＢＳ）の前身です。

物流子会社の一つは、１９９１年にルートトゥウェンティワンという伊勢丹の物流部門が分社化した会社です。その会社が２００４年ビジネス・サポートと社名変更しました。一方、三越は１９９６年に三越物流という会社を設立しています。

三越と言えば、本書別章に登場するヤマトホールディングスの前身、大和運輸が大正時代の創立時から長く、三越の専属配送業者としてその物流機能を担っていたとはよく知られていることです。

三越物流は２００６年にエム・ロジスティックス・ソリューションズ（ＭＬＳ）と

いう社名に変更しますが、ＭＬＳはもともと三越以外の顧客開拓をすべく、外に収益源を求めて打って出ることを目的に作られた会社でした。09年に、この２つの物流子会社が統合され、ＩＭＢＳが誕生しました。

三越と伊勢丹は共に首都圏を基盤にした呉服が発祥の百貨店です。

08年４月にまず両社の持株会社である三越伊勢丹ホールディングスが設立され、その段階では伊勢丹と三越はそれぞれ、この持株会社の傘下で独立した事業会社として存続していました。両事業会社が統合するのは、首都圏では２０１１年４月のことです。つまり、物流子会社であるＩＭＢＳは、本体の事業会社に先行して経営統合を果たしていた、というわけです。

ＩＭＢＳは現在、年間売上高が約２８５億円、従業員数は５８８人です。

この売上高の中には、宅配運賃や包装紙などの用度品といった百貨店業務に付随して支払高をそのまま百貨店に請求する部分があり、これを除くと、純粋な物流業務の売上高としては１５０億円ぐらいの規模となります。北海道の札幌から九州は福岡まで、三越伊勢丹グループの百貨店の店舗があるところには担当者を置き、事業所として運営しています。

助川裕爾・三越伊勢丹ビジネス・サポート社長

また、百貨店だけではなく、グループのシェアドサービス（グループ内の特定の業務を一手に引き受ける）会社としての役割もあり、食品関係の三越伊勢丹フードサービス（スーパーのクイーンズ伊勢丹と食品製造卸の二幸が統合した会社）や、アパレルのマミーナ、クラブトゥエンティワンなどのグループ関連会社の物流部門にも徐々にその取り扱いを広げていっています。

社長の助川氏は2011年に、まず営業本部長として三越伊勢丹本体から出向してきた人です。12年にIMBSの社長に就任しました。したがって会社の経営統合から2年間はこの会社の中にいたわけではありません。

助川氏は自身がこちらに来る以前のこの2年間について「多分、それぞれの物流子会社でやってきたやり方を、いかにまとめていくか、統合していくか、ということにかなりの努力と時間が費やされてきたのではないかと思います」と話しています。

人材育成・社員教育の面でも同じことだったでしょう。

仕事のやり方もその考え方も違う中での人材の育成、社員教育のあり方を、一つのものにまとめあげるのはたいへんなことだと思われます。

「このような場合、どちらか一方のやり方に寄せる、という方法もありますが、ある面、ゼロベースからスタートしたほうが良い、そんな企業だったと思います」（助川氏）と言うように、この部分はむしろ、最初から新しいものを作っていく、という作業が中心になっています。

## 二つの文化…経営統合会社の人材育成

三越伊勢丹グループ共通の企業理念で最初に掲げられているのは「向き合って、その先へ」――というものです。

２つの違った文化、企業風土を持つ会社が一緒になり、新しい会社に生まれ変わり、まず従業員同士で向き合うことが必要、という認識が全面に出た理念だと言えるでしょう。

それに加えて、この理念には「会社として、お客様と、またお取引企業様、社会の皆様と向き合っていこう、という気持ちが込められています」と助川氏は話しています。

そもそも統合した両社は、仕事の仕方も、考え方も違う部分が多いものでした。そのために、統合後には新しいやり方に馴染めず会社を辞めていく中堅社員も少なからずいたようです。その結果、助川氏がＩＭＢＳに来た11年には、一番中心となって実務を担っていくべきミドルマネジメント層の社員が不足していると感じたそうです。二つの会社の二つの文化が一緒になること。そこからいかに新しい力を引き出していけるか？

両社合わせて年間３００億円近い取扱高になるわけですから、経営統合による相乗効果がかなり期待できると考えられますが、現実には統合による障壁が相当に大きいはずです。それは２つの違った文化を一つにすることに対するエネルギーにかなりの部分が割かれることになるからです。

しかもその会社には中堅ミドルマネジメント層、各現場のリーダーとなるべき人材が不足しています。そうなるといったん、企業基盤を改めてゼロから作り直していくことが最短の方法になるのではないか。

助川氏はそう判断したのだと思います。

## 4つの企業基盤をどう作り上げていくか

2012年に助川氏が社長に就任して最初に行ったのは「4つの企業基盤」の整備に着手することでした。

4つの企業基盤とは、業務運営基盤、組織運営基盤、情報システム、そして本題である人材の基盤――です。

業務運営基盤とは、業務のプロセスと言い換えてもいいもので、それぞれ2社には独自の業務プロセスがあったはずです。それを新しい一つの会社のものとして作りなおしていかなくてはいけません。

新しく作られるものは当然、顧客満足を上げることに資するもの、生産性を高めていくことに繋がるものでなくてはなりません。

組織運営基盤とは、会社組織を運営していく際のルール、規則のことです。2つの会社にはそれぞれの規則がありましたが、会社を統合したといっても新しい基準に基づいたルールを作っていくことはなかなかすぐにはいかないことが多く、その間にも組織運営をしていかなくてはならないという現実があります。その場合、マネジメント上の意思決定は往々にして、属人的なものになりがちです。そこをきちんと組織として、意思決定できるようにしていくのが組織運営基盤作りの上での大きなポイントです。

情報システムの統合は、あらゆる業種の企業においても、企業統合を行う際には必ず大きな課題となる部分です。情報システムの塊のような金融機関などの場合は、情報システムの統合の成否こそが経営統合の成否を左右するケースも少なくありません。

同社の場合、新しい業務プロセスの構築を行っていくのに従って、情報システムは新しいものに作り変えることにしました。その開発はいま進められている最中だということです。

さて本題に関わる人材です。

従業員の働き方に関わる会社の人事制度は、旧2社のものを参考にしながら一つのものに揃えていきました。その作業は現在、「最終的な仕上げをしている最中」（助川氏）です。最後の部分は退職金や年金制度などを揃えることになるようです。

一方で人材育成については、ゼロベースにしてその基盤を作り直していくことになります。というのも、これも前述の通り、ミドルマネジメント層が少なくなってしまった状況で、組織的に、次世代の人材育成、将来を担う人の基盤を作っていかなくてはいけないからです。

## コストセンターからプロフィットセンターへ

4つの経営基盤を作り直していくことでＩＭＢＳが明確に目指している目標があります。

それは「百貨店の物流業務の延長線上から、本当に物流専門会社として生まれ変わっていくこと。子会社という立場、コストセンター（サービスレベルと提供コストの削減が責任範囲で、収益は求められない組織）という立場から、自律した、自分たちで金を稼げる企業になっていくのだということ」（助川氏）です。

一言で言えば、利益を生み出す会社＝「プロフィットセンター」に変えていく、ということです。

言葉で言うのは簡単ですが、実現するためには、それまでの仕事のやり方を全て見直して、品質と生産性を大きく変えていかなくてはなりません。これは非常に苦労を伴うことです。そうでなくても会社は2社が統合したばかりです。

端的な例は仕事が集中するお中元・お歳暮の配送業務。

２０１０年まで、三越のお中元・お歳暮は三越流のやり方によって三越物流センターで作業が行われていました。一方の伊勢丹も伊勢丹流のやり方で伊勢丹の物流センターで作業が行われていました。その間に作業する人たちは、そのリーダーを含めて、相互には人的な交流がほとんどありませんでした。

首都圏のお中元だけでも50万件を超える特別なギフトの包装（例えば、異なる複数の商品を一括で包むなど）の作業は、11年のお中元期から一つのセンターで行うようになりました。助川氏がちょうど着任した年です。

「なかなかスムーズにいかず苦労しました」と助川氏は正直に明かします。

それまで伊勢丹の作業は「在庫型」で、在庫のあるものからピッキングして包装・出荷していました。一方、三越は複数の外部委託先での作業を前提とした「受注発注方式」でした。三越は伊勢丹に比べてお中元・お歳暮の量が2倍近かったからです。これを一つのやり方にする方向性は以前から検討されてきましたが、現実に動き出すとなかなかシナリオ通りにはいきません。在庫スペースの不足で商品が欠品したり、包装・出荷作業が遅れたりしました。

「物流の会社ですから日々、作業を抱えています。人が動き、組織が動いている中で、現場は常に目の前の仕事を無事に行うことが、お客様に最大限に報いることです。ですからその中で、将来に向けた基盤を作っていくこと、人材を育成したりするところまでは、なかなか手が回りません。これはどの物流会社も悩んでいることではないかと思います。当社も同様で、だからこそ会社としてきちんとしたものを作り上げていくことが必要だと思います。」（助川氏）

## 「まず気が付くことから始めよう」

たとえば会社にはそれまで、スポットで資格を取らせたり、社員を海外視察に行かせる、ということはあっても、組織だって体系的な研修・教育体系といったものは、まだできていませんでした。

助川氏は考えました。

「この企業は一体、どんなことを目指して、どんな人が必要なのか。それを明確にすることがまず必要だ」と。そしてそれを明確にすることで出てきたのが「4つのステップ」です。

4つのステップの一つ目は、荷主（お客様）のご満足に対する気づきです。

これは幸い、統合前の2社がともに百貨店の物流部門が長かったことで、割合、荷主のお客様のことを考えるクセがついていることは強みだったと言います。

この業務はお客様の役に立っているのか、何か問題はないのか、何が問題なのか。それをいつも考えながら仕事をすることが大事なことです。

この何をできるか、何が問題なのか、ということに「気が付く」センスがカギだと助川氏は話しています。

二つ目が仕事を作る力です。

気が付いてもそれを実現できなくては全く意味がありません。気が付いたアイデアを業務プロセスやサービスに生かせるように、仕事を作っていく力が何としても必要になります。

三つ目がチームです。

仕事はやはり、1人で行うのではなく、チーム全体で行うことが肝要です。そのためには日々の業務の向上や新しいサービスの創出を可能にする人、そしてその人たちをまとめて鼓舞していくリーダーシップも必要になります。

最後はやはり人間性です。

サービスの提供相手である荷主様や、その先のお客様から、さらに一緒に働く仲間から、きちんと信頼される、喜んでもらえるような誠実な人柄が必要です。

一度に全部のステップを踏破することは無理でしょう。ですからまずは「気が付く」ことが大事だと助川氏は言っています。

実際に助川氏は、まずは「気が付くことから始めよう」と社内で呼びかけていきました。

コストセンターからプロフィットセンターへと会社を変えていくには、これまでのような「言われたことをただ着実にこなしていく」という業務スタイル、言ってみれば大企業の子会社的な発想の仕事のスタイルからは、大きく脱却していくことが強く求められます。そして「自分で考え、常に改善・改革していく」人間に社員自身が変わっていかなければなりません。

これはそのための第一歩となるための呼びかけなのです。

## 「職場の約束」運動

伊勢丹グループでは、企業理念を理念のままに終わらせないために、ボトムアップで日々の業務の中にその理念を落とし込んで浸透させていくための全社運動がもともとありました。「職場の約束」運動と言って、20年続いている運動だそうです。

ただ残念ながら、物流子会社ではこの運動はここ数年、活発に行われておらず、助川氏が11年に着任したとき、まず復活させようと考えたのがこの「職場の約束」運動でした。

具体的にＩＭＢＳの活動には大きく分けて２つの柱があります。

百貨店でお客様に直に接する販売員を、三越伊勢丹グループではスタイリストと呼んでいます。まずはそのスタイリストが接客に専念できる時間を増やすため、接客販売以外の付帯業務等についてはできるだけＩＭＢＳの社員がカバーしていこう、という「業務改善」が一つです。そのためにはＩＭＢＳのサービスを直接受けるお客さま（スタイリストや荷主）を満足させるためには何が必要か、ということを常に考え、気が付いていくことが重要です。

もう一つが、ＩＭＢＳの社員自身の「スキルアップ」です。たとえば様々な業務知識のレベルを上げて、お客様からのお問い合わせに対して即答ができるようにしたり、あるいは逆にこちらからお客様へのあたらしいご提案ができるようになろう、というものです。

「職場の約束」運動はチームごとに行われます。三越伊勢丹グループ全体では１３００を越える数のチームがあるそうです。２０１１年にＩＭＢＳでは事業所単位でチームを作り、全国で約30のチームができました。

運動はグループ全体の事務局があり、そこからまず、年度ごとのテーマが発信されます。それを受けて、ＩＭＢＳとして年間で取り組むべきことをそこに加味しブレイクダウンします。

各チームは、それぞれの「お客様」を明確にして、そのお客様にご満足いただける（現在では、感動いただけるレベルに）自分たちの「あるべき姿」を設定します。その「姿」と現状とのギャップが、そのチームの課題です。毎年行ってきていますので、前年の活動の評価と反省を行い、できなかった理由は何か、課題は何かを洗い出し、全員で意見を出し合いながら次の年のあるべき姿に繋げていきます。全員で意見を出し合う、ということが一つのポイントだと助川氏は話しています。

細かいテーマはそれこそ職場によって様々です。上期・下期の節目で取り組みの進捗をチーム同士でお互いに共有する発表会があり、より進化するために取り組み内容の修正を加えます。

グループ全体でも年2回、その取り組みを発表する機会があり、優秀な取り組みで結果を出したチームは表彰されます。

グループ全体で年間40チームぐらいが表彰されます。ですから表彰される割合は全チームの3％ということになります。2012年にはＩＭＢＳからも1チームが表彰されました。

この運動はとにかく毎日、全員が自分たちの取組テーマを意識して仕事をする、ということが大事だと言います。朝礼や、その他、何かの折りにつけ、意識をすること。たとえば標語を掲げて壁に貼ることでもそれは良いでしょう。

毎日繰り返し意識をして身についていく。最後には意識しないでもテーマに掲げたようなことができるようになる、ということが大事なのです。

## 集合研修と外部研修

この「職場の約束」運動は、言ってみれば、サービス業のＱＣサークル活動のようなものです。人材教育や社員教育とは直接、関係がないように思われがちです。ですが実は、ＩＭＢＳにとっては、非常に大事な人材育成のベースとなるものなのです。

なぜなら、人材育成はやはり現場でのＯＪＴに勝るものはないからです。

ところが教える側の中心となるべきミドルマネジメント層が、前述のように同社では非常に少なくなっていました。「ＯＪＴをすることがほとんど難しくなってしまっているのです」（助川氏）と言っています。

従って、こうしたＱＣサークル的な現場での啓発活動を組織的にやることが、同社の人材育成にとっては非常に重要なカギになってくるのです。

そうした現場での取り組みをベースとしながら、さらに組織的・体系的な人材育成、社員教育のプランを作っていくことが、この規模の会社にとっては重要です。

グループにはＩＭＨ（三越伊勢丹ヒューマン・ソリューションズ）という人材派遣会社があります。この会社には人材教育プログラムを備えていて、そういうところのリソースを活用しながら、物流会社に必要なプログラムをそれに加えるなどして自前の研修プログラムを整えていきました。

こうして、ＯＪＴができない部分を補っていったのです。

このようにして作られた教育・研修体系はようやく、２０１３年にはその全体像がまとまる形となりました。

百聞は一見にしかず、なので、次ページにその概要図を掲載しています。経営統合

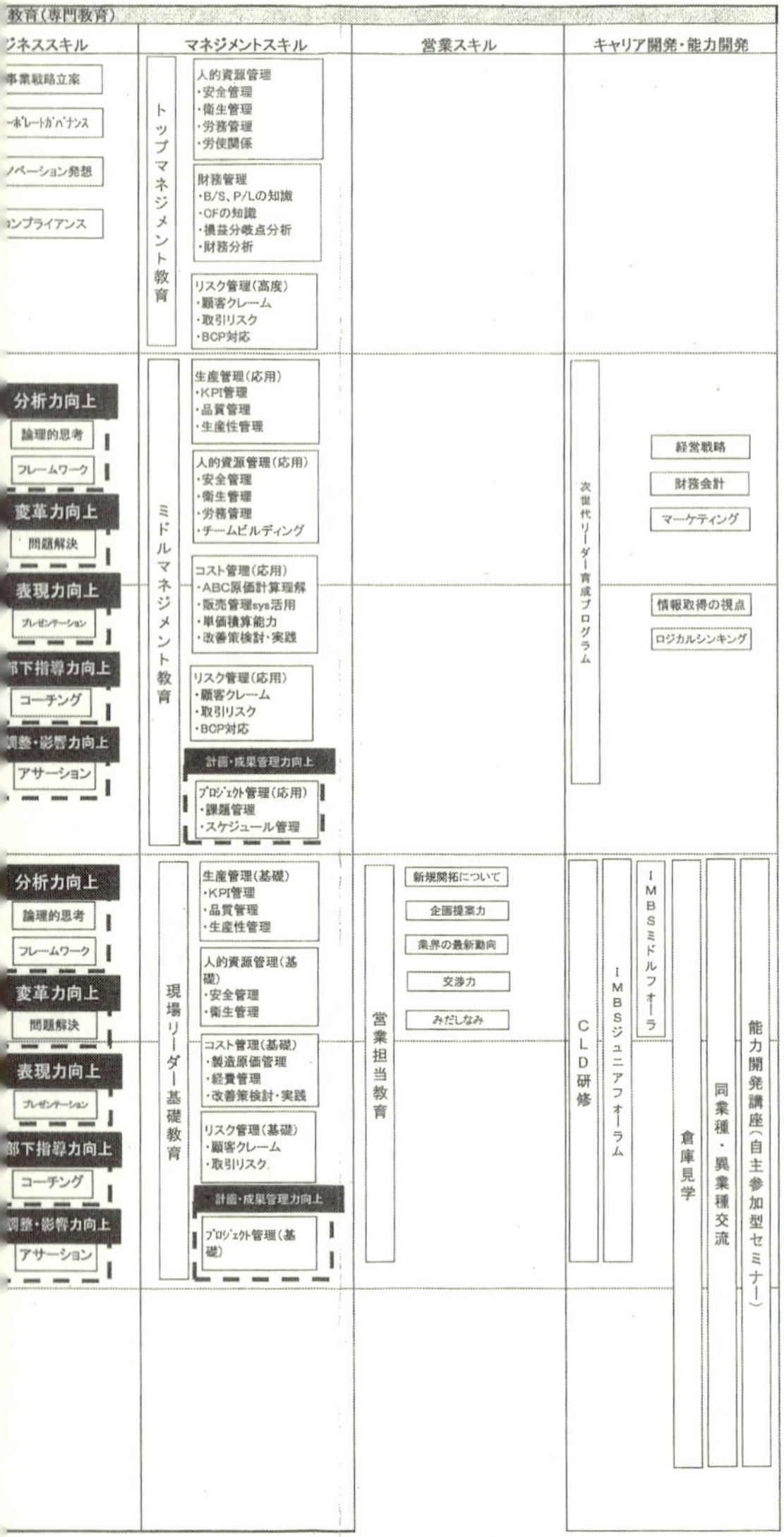


からわずかの期間で、ゼロベースからスタートして、これだけの体系を作り上げたことにはとにかく驚かされます。

実際に、この概要図はただ絵に描いた餅ではなく、２０１３年度にはすでに実際に

IMBS 教育体系図

資格
年次
基礎教育
昇格教育
物流教育
A
13
B
12
11
10
9
8
7
C2
6
5
C1
4
3
2
CT
1
ステージA昇格
WHAT構築と戦略の策定
リーダーの役割・行動
ストレス、メンタルヘルス
ハラスメント
360度フィードバック
ロジスティクス経営士
同業他社との交流による知識習得
物流子会社政策
物流3PL業界研究
社会人としての基礎・常識
社会人としてのマナー
ビジネスマナー
仕事の進め方
防災・防犯の知識
IMBS社員としての基礎・常識
ホスピタリティ
全社運動
・職約
・5S
・基礎力
・コスト構造
ステージB昇格
三越伊勢丹グループおよびIMBSを取り巻く環境と事業方針
ステージAを目指すためのポイント
問題解決力強化
支援型リーダーシップ
リーダーに求められる
人権について
評価制度と運用
物流技術管理士
ロジスティクス管理士3級程度の物流知識習得
物流システム管理
物流コスト管理
業務別物流情報システム
物流情報システムの概念
在庫管理
ステージC2昇格、格付
三越伊勢丹グループおよびIMBSを取り巻く環境と事業
ステージBを目指すためのポイント
荷主・会社が求める現場リーダーの知識・スキル
課題発見・解決ノウハウ
知識習得
スキル習得
ロジスティクスオペレーション3級程度の知識習得
輸送
荷役
検品・検査
保管
包装
配送
物流政策と関連法規
物流サービス管理
物流の概念と物流管理
物流現場改善士
OJTプログラムによるスキル習得
調達物流
・輸送ネットワーク構築
・納品・検品代行管理
アパレル品物流
・検品（入庫・出庫）
・製品検査
・流通加工
・保管
ギフトオペレーション
・伝票出力・仕分
・保管
・ピッキング
店舗物流
・館内搬送
・検品
・保管
配送管理
・品質管理
・配送問合わせ
進物の知識
ラッピングの基本
三越・伊勢丹人としての基礎・常識
フレッシャーズ・スクール
物流基礎知識習得
通信教育
物流がわかる
社内実地研修
業務センター研修（店舗の搬送・検
所沢センター研修（中元歳暮業務）
新砂センター研修（保管・梱卸業務）
関連会社物流研修（関連会社業務）
社外実地
ヤマト運輸研（配送業務
冷蔵庫内作業（冷蔵庫夜間
ギフトセンター（中元歳暮受

同社の教育研修を大きく区分すると、基礎教育、資格取得（物流技術管理士資格認定講座、ビジネスキャリア検定等）、社外セミナー、新入社員研修、自己啓発などに分かれます。一覧にしてマトリックスで捕らえると、ＯＪＴ以外の集合研修と外部研修にその特色が見いだせますが、その理由は前述した通りです。

２０１３年は、１年間のうちに、全体の３分の２を占めるプロパー社員の人は、最低１回か２回はどこかで合宿による集合研修を経験しているとのことです。また、各人が休みを使って行うＩＭＢＳフォーラムといった自己啓発型の研修も、月１～２回のペースで開催されています。

このような社内での集合研修のほか、日本ロジスティクスシステム協会が行っている講座や、産業能率大学総合研究所で行われる講座などに中堅社員を派遣して講義を受けさせる外部研修も同社では積極的に行っています。

## 新入社員へのメンター制度

仕事を行っていく上で、いくら組織的な研修制度を導入して座学を学んだところで、現場でのナマの経験から学べることに勝るものはありません。だからやはり「最後はやはり現場なのです」（助川氏）。

同社の場合、新しい社員研修、人材教育の仕組みをどんどん導入して構築しているのは、現場のＯＪＴが今は機能しなくなってしまっていることの補完に過ぎないのです。結局、重要になるのは「現場のマネージャー、リーダーがきちんと下級者、部下を育成していくこと」（助川氏）なのです。

会社組織の一番、小さい単位である現場のマネジメントの中で、仕事のノウハウやスキル、あるいは考え方などを教育していくことはやはり人材育成の要にならなくてはいけません。

その一つとして同社では、新入社員を中心にメンター制度を採り入れていることが特筆されます。

メンター制度とは、事業所が分散していて、同じ職場に年齢の近い先輩が少ない中で、若手の育成をより効果的に進める制度です。日々の仕事の中ではなかなか周囲に相談できないようなことに関して、年代が近い人たちから相談できるようにしている体制です。相談を受ける方をメンター、相談をする方をメンティと言うので、一般的にメンター・メンティ制度と呼ばれます。

これは離れた職場でも先輩・後輩の関係を強化するためにも有益で、またメンターとなる先輩社員がちゃんと後輩社員を指導することで、自分自身の成長にも繋がるものだと言えます。

## 逆境の時代から新卒社員採用へ

ＩＭＢＳは08年から新卒の採用を開始するようになりました。10年は新卒者の入社はありませんでしたが、11年から現在までは毎年、７～８人のペースでの採用が続いています。

それまでは中途採用やアルバイトから登用するなど、多くの物流会社で行われる採用方法と同じ採用を行っていました。

同社の従業員の年齢構成は、契約社員を含む全５８８人のうち50歳代以上が半数を占めています。40歳代は少なく、30歳代後半から若い年代はまた増えてきています。会社をゼロベースから再スタートさせようとしても、人はゼロベースにはなかなかりません。変えていくことがいかにたいへんなことかがわかります。

「やはり20年、30年と、ずっといる方たちの仕事の仕方を、もう一回、自分で考えて、自分で課題を見つけ出して仕事をしていくというスタイルに変えるのは、本人たちにとっても結構、たいへんなことだと思うのですが、少しずつやっていけば、もう何年かたてば、今までとは違う何かを見つけてくれるだろうと期待しています」（助川氏）。

一方で、助川氏が11年にこの会社に来てから、コンスタントな新入社員の採用が続いているわけですから、この人たちには最初から新しい研修・教育のスタイルが浸透していることになります。この人たちがマネージャーのクラスになる10年後が「会社が成長する一つのステップになるかなと思います。10年後が非常に楽しみです」（助川氏）といまの新卒入社組も期待されています。

## 数字を入れて話ができるように

組織的な社員研修を行うようになってから、会社が確実に変わってきたことが一つある、と助川氏は話しています。社員みんなが「数字を入れて話ができるようになった」（助川氏）ことです。

それは月々の収入はこれぐらいで、コストはこれぐらいかかりそうだ、といった事業の収益にまつわる高度なことに限りません。

たとえば今日、現場の作業要員が70人いるので、4000個まで出荷作業をこなすことができます、といったような日常作業上の初歩的な話についてもそうです。

事業を行っている以上、仕事に関する社内での情報のやりとりの中には定量的なもの、客観的に判断できる数字というものが入っていなくてはそもそもコミュニケーションが成り立ちません。

助川氏は、この会社の所沢にある物流センターを最初に訪れたときのことが未だに忘れられないと言います。

ちょうどお中元の繁忙期のことで、助川氏は梱包作業現場でのリーダークラスの人に「今日はどれぐらいの仕事をやるのか？」と尋ねました。するとその人は「今日はここからここまでです」と、品物の山を指さして答えました。

これは日本の普通の物流現場での一般的な反応でしょう。しかし助川氏はこれではいけないなと感じました。助川氏としては、とりあえず繁忙期なので今日は何千個やりますとか、この現場の1時間当たりの生産性はこれぐらいなので今日は要員が80人いるから1人当たり100個として8000個です——といったような答えが返ってくることを期待していたからです。

「物流会社はある意味、物流サービスを作る製造業なのだと思います。だから製造業に必要なことはちゃんと整っていなくてはいけません。たとえば計画性とか、効率性、全体最適を意識して仕事を行う——といったことです。それで生産性が上がり、利益が出るということになると思います」（助川氏）。

その大前提として、日常的に仕事を数字で把握するという習慣が身についていることが必要だということです。

そのような内容を盛り込んだ研修・教育を継続することによって、ようやくこの会社はそういう方向に向かい始めた、と助川氏は感じています。

## 昇格には自発的に手を挙げてもらう

「人材育成や自分の成長というのは、人から教えてもらうものもありますが、最後は

やはり、自分で成長して下さい、ということなのだと思います。まだまだこの会社の中には、受け身なところがないとは言えません。それを徐々に変わっていってほしい。そのためには、自分はどういう成長をしたいのか、ということが自分自身でわかっていなくてはいけません」（助川氏）。

そういうこともあってＩＭＢＳでは、社内での昇格に絡む人事異動に関しては、基本的に社員が自分から手を挙げてもらい、そのポストに就いてもらう、というやり方を行っています。

実はこの人事異動のやり方は、三越伊勢丹グループ全体で取られているやり方なのです。助川氏はいま、このやり方をＩＭＢＳで浸透させることに努めています。

上位職に就きたいという人は、それだけ、自分の仕事の幅を広げたいと思っている人です。上位職に就けば、それまでのポストでは決済できないようなことができるようになったり、やりたいと思っていたことが実現できる可能性も広がります。

人から言われてその仕事をやる人よりも、自分の仕事の範囲を広げたいと考えて積極的に動く人の方が、そのポストに就いてどちらの方が良い仕事ができるかは明らかです。自発的に手を挙げる人は当然、日々の仕事の中で勉強も人一倍していく意欲が強いだろうし、またそうでなくてはなりません。そういう人こそ、そのポストに就くべきなのです。

もちろん昇格するには客観的な判断も必要です。外部機関による能力・スキルのアセスメントや、社内業務の評価などです。そのときに「職場の約束」運動に代表されるような職場での業務改善への取り組みの評価が加わってきます。上位職に手を挙げてもらう人には、まず自分の職場の課題点、それに対してどう取り組んでいるか、取り組んだ結果の評価をしっかり見ていくということとなります。

このようにして人材教育と職場での日常的な取り組み、それに評価や昇格の3つが有機的に繋がっていくことになるわけです。

## おわりに

助川社長は、とても教育に熱心な方でした。こんな教育をしたいという意志がありました。先に紹介した社員教育プランは、いきなり出来たわけでありません。助川氏ご自身が外部の研修に参加され、いいと思った講座に継続して派遣したり、講座の講師にＩＭＢＳ仕様の講座を開催してもらったりされ、徐々に作り上げられました。

その過程では、ベースになる考え方がありました。まず、ＩＭＢＳという会社をこうしたいというビジョンです。物流子会社には、シェアドサービス（グループ内の特定の機能を一手に担う会社）またはプロフィットセンター（グループ内で外部受託を目指す会社）の2種類があります。助川氏は、社内で、シェアドサービスを担いつつプロフィットセンター化すると宣言され、目指されているのです。

だから、受け身の人材ではなく、自ら仕事を創りだす人材を育成するという決意のもと、ここまでの人材育成カリキュラムを作られました。

実際に、仕事を数字で語れる人材が増えてきたそうです。

これから、ますます楽しみですね。

# 第6章

## パタゴニア
人が育つ素敵な会社

パタゴニア日本支社

# はじめに

鎌倉駅を降りたのは、何年ぶりでしょうか。東京秋葉原に本社を置き、自宅も秋葉原の角井にとっては、スーツにネクタイで鎌倉に来たのは、初めてでした。

その駅から数分の鎌倉店の2階の受付に入ると、木材をふんだんに使ったテーブルが置かれ、社員の方もタンクトップを着る人、サンダルを履く人がノートパソコンを使いながらミーティングをしていました。「これが**パタゴニア**だ！」と思いました。

すでに受付から、パタゴニアの社風を感じたのです。

そのうち、小麦色に焼けた青年が「遅れ

てすみません！」と爽やかに半袖シャツ姿で足早に現れました。なんと辻井支社長です。それを見て、私はスーツのジャケットを脱ぎ、ネクタイを外しました。スーツにネクタイは「パタゴニア」には似つかわしくありません。だって、鎌倉に日本支社があるのは、社員がいつでもサーフィンに行ける場所なのですから。

## 資源・環境問題への関心 「このジャケットを買わないで下さい」

まずパタゴニアという会社をご存知ない方にこの会社のことを簡単に紹介します。登山やサーフィンなどのアウトドアスポーツに関するウェア等を製造・販売している、米国の会社です。

ここの製品は、いわゆる量販店には卸していないため、自社で展開するお店のほか特定の専門店でしか買うことができません。使った人がその製品の良さがわかり、次第に知る人ぞ知るブランドとして名前が定着するに至っています。日本でも20年ぐらい前から店舗展開をしており東京・原宿のお店を知っている方は多いのではないかと思います。

「ところで私たちがTシャツを1枚作るのに、だいたいどれぐらいの水を使っているかわかりますか？」

パタゴニア日本支社の辻井隆行支社長は、面談が始まってしばらくするとこう切り出してきました。

100リットルぐらいでしょうか？　というのがこちらの答えでしたが、何と、1枚のTシャツを作るのに要する水の量は、インドで作るオーガニック・コットン・Tシャツの場合、4000リットルに達するのだそうです。

まず綿花を育てるところから始まり、染色、最終仕上げと、シャツを作る工程ごとに水が必要になります。500円のTシャツなのだから来年、新しいのが出たら捨ててしまおう、ということが先進各国では行われています。それはそのまま、4000リットルもの水を捨てていることになるわけです。

経済が発展し、グローバル化がどんどん進むと、そうした経済を追いかける新興国もこぞってそういう習慣を追いかけることになります。そんなことをやっていたらとても地球は持たなくなります。

「社内でもよく話題になるのは、僕たちが今、突きつけられているのは石油であったり、レアメタルであったり、水の問題であったり、結局、資源の問題だということです。今のようなペースでモノを買って使い捨てることを繰り返していれば、間違いなく次の世代、その次の世代には、たとえば、世界中の川の水が海に到達しなくなってしまうと言われているのです」（辻井氏）

水が豊富にある日本では考えられないことですが、川の水が海まで到達しなくなることは現実におきつつあるそうです。たとえば、アメリカのグランドキャニオンには有名なコロラド川が流れています。ここはたいへんな激流で、ゴムボートによる激流下りが知られています。コロラド川は本来はメキシコ湾まで続いていました。ところがもう10年以上、メキシコ湾には一滴もここから水が流れてきていないのです。

それというのも、湾の１００キロメートル以上も手前から、川はヘドロ状となり、それ以降はひび割れた地面がずっと続いているからです。どうしてそうなってしまうのか？理由は簡単で、途中にあるネバダ州やアリゾナ州、カリフォルニア州がコロラド川の水に依存していて、工業用水、農業用水、生活用水などの多くをここから取っているからです。広大な土地の大規模農場でスプリンクラーを使って膨大な量の水をまいている映像や写真をみな一度は目にしたことがあるでしょうが、そういうものがコロラド川枯渇の原因になっているわけです。

同社は一昨年、ニューヨークタイムズ紙に、驚くべき広告を出したことで話題となりました。広告のコピーには以下のような文言を連ねています。

「Don't Buy This Jacket」（このジャケットを買わないで下さい）

商品を売ることで成り立つ小売業の会社が、その商品を「買わないで下さい」というのです。極めて異例な話でしょう。その狙いは、本当に必要な商品は何かをみんなで一緒に考えて下さい、と消費者に呼びかけることにあったと言います。

ある意味では極めて刺激的な企業イメージ広告だとも言えましょう。ですが、この会社は決して表向きのイメージ戦略のためだけでこの広告を打ったのではないと思います。その経営思想、経営哲学が根本的にこういう広告を出させていると思うからです。

いきなり人材育成・社員教育から逸れた話になってきましたが、実は、同社の人材育成・社員教育を取り上げるには、まずこの会社の経営思想・経営哲学を抜きにしては論じることができないのです。

## 「社員をサーフィンに行かせよう」創立者イヴォン・シュイナード

同社の経営思想・経営哲学を知る上で、創立者であるイヴォン・シュイナードのことを触れないわけにはいきません。

２００７年にシュイナード氏が上梓した「Let My People Go Surfing」（翻訳本「社員をサーフィンに行かせよう」東洋経済新報社刊）という本が話題になりました。今でも様々なビジネススクールで取り上げられているほどの本です。

実際に同社は平日の勤務時間内に社員をサーフィンに行かせるようなことをしているのでしょうか？　答えはｙｅｓです。

なぜ、そんなことをするのか。その答えはこの本の中にも書かれていますが、まずはサーフィン用のギアも扱っているのに、売っている方がその商品知識を肌身で知っていなくてはいけない、という考えがあります。

「一番の顧客は自分たち自身でなくてはならない」という考えが、創立者を始めとして、同社には浸透しています。

顧客としてサーフィンを続けることで、お客様からいただく様々な質問にもきちんと答えられるようになります。

このように、アウトドア製品を扱うビジネスに携わる心構えを、社員みんなに持ってもらう、という狙いが、「社員をサーフィンに行かせる」ということには込められています。

それだけではありません。勤務中にサーフィンに行く、ということによって、仕事に対する責任感や効率性、融通性、社内での協調性、といったものが生まれてくることも期待されているのです。

その話を、辻井氏は、パタゴニア日本支社の創設者であり、現在はインターナショナルのブランドマーケティングを行っている藤倉克己氏とシュイナード氏とのエピソードを交えて紹介しました。

両氏は26年来の家族ぐるみの付き合いがあり、藤倉氏がカリフォルニアに住んでいたときには、シュイナード氏はよく藤倉氏を誘ってサーフィンに出掛けました。ある時、イヴォンはこう言ったそうです。「Fuji, Four Waves」と。仕事の予定はびっしり詰まっているけど、今日は波がいいから4本だけ乗ろう、というわけです。4本波に乗って帰ってくるとちょうど1時間ぐらいです。ちゃんと仕事をこなして責任を果たした上であれば、この勤務時間中の1時間というのはそんなに長い時間ではありません。

仕事中にサーフィンに行くなら、その分、仕事はきちんと仕上げておこう、ということで、かえって仕事を効率的に行う動機付けにもなります。

では、きちんと効率的に仕事をこなしておけば、後は遊びに行ってもいいのか、というと、そういう意味でもありません。

というのは、サーフィンに行くというのは実は、そんなに簡単なことではないからです。来週のこの日にサーフィンに行く、と決めても、いい波は必ずしもその日には来てくれないからです。そこは自己責任でやっていくしかない、ということです。もしその日にいい波が来なければ、予定をフレキシブルに変える柔軟性も必要です。

しかしそうやって仕事の予定を変えるには、周囲に迷惑がかからないよう、普段から社内の人達との協調関係を築いていなくてはいけません。

こうして仕事上の責任感や効率性、融通性、協調性ということが生まれることになるというわけです。

加えて言うと集中力が養われるということにも繋がると辻井氏は指摘しています。

「自然と接するということ自体がやはり人間にとってすごく大事なことだと考えています。第一にリフレッシュできますし、実はそれはサーフィンでなくてもよくて、クライミングでも、スノーボードでも、ランニングでも、その人にとって大事なことが自然によってタイミングが規定されていることがポイントで、それに対応しながら成果を出すということに意義があるのだと思っています」（辻井氏）

## パタゴニアの企業理念、ジョブ・ミッションとジョブ・ファンクション

パタゴニアの企業目的、企業理念は、この創立者によって極めて明確に示されています。

パタゴニアの存在意義は「最高の製品を作り、環境に与える不必要な悪影響を最小限に抑える。そして、ビジネスを手段として環境危機に警鐘を鳴らし、解決に向けて実行する」というものです。

これがパタゴニアのミッション・ステートメント（存在意義）として掲げられています。

同社の通常の商活動、経営、社会的活動にいたる様々なことはみな、このミッション・ステートメントを具現化するためにある、といってもいいのです。そういう考えを社員は共有しており、だから同社の人材育成・社員教育もまた、その実現のためにある、ということになります。

同社では日々のビジネスそのものがミッションのためにあるのであって、ビジネスのためにミッションがあるのではない、という考え方が徹底しています。その意味で、人材そのものもミッションを達成するためのリソースである、と言うことができるでしょう。「組織としてのゴールを達成するために、人が一番やりがいを持って、本人自身にとっても働きがいがある仕事、幸せに近づけるような、幸せを感じられるような仕事が出来る環境を整える、という順番が大切だと思っています」（辻井氏）。

ここで仕事とミッションの関係ということになりますが、パタゴニア日本支社では一つ一つのポジションで「ジョブ・ミッション」と「ジョブ・ファンクション」というものを明文化しています。

ジョブ・ミッションとは即ち、そのポジションが存在する理由＝存在意義だと定義しています。たとえばロジスティック・マネジャーのポジションがもしなくなったとしたら、どういう機能が失われるか、逆にこの人がいるおかげで達成できることは何か、ということが端的に記されています。英語ではこれはむしろJob descriptionと言われているものです。そういう言語化の作業をここ数年で取り組み始めたということです。

「とにかくミッション・ステートメントの具現化に組織としてどう貢献していくか、どう近づいていくか、です。パタゴニアの場合は、ビジネスを使って、今ある社会課題とか、環境問題に対応して、ポジティブな変化を促していく、もしくは、実際に解決していく、ということをゴールにしています。ですから、そこにつながるかどうかということがやはり基準になっており、そのためにはビジネスの成功が今、必要だと考えているのです」（辻井氏）

自然を相手にしているアウトドアスポーツ用品を扱っているだけに、自然環境、地球環境に対して高い意識を持つことは当然のことだったと思いますが、それ以上に、同社は地球環境への関心そのものが企業目的であると言えるほど、その意識が全社に徹底しています。

辻井氏は企業と環境の関係を考えていくときに、〝環境コスト〟という概念が企業会計に入っていないことがその大きな問題だと考えています。それは現代の資本主義の大きな問題の一つだとまで言っています。

商品を作るときの工場の排水問題や使用する化学物質の問題など、細々《こまごま》した環境問題を見ていくことは当然のことですが、もっと根源的に、その商品が作られるときの環境負荷を素材開発の段階から見ていくことだが大切だと言っています。

そして多くの企業がそういう意識になるようなインスピレーションを多く発信できるように努力していくのが、同社の存在目的だということです。

「セールスというのは、利益のためではなくて、あくまでもそのミッションを実現するためのひとつの大事な手段であること、また、セールスはお客様が私たちの振舞い全てを見た上で、私たちに投票して下さっている結果である、というようなことをもう、しょっちゅう話し合っています」(辻井氏)

## アパレル分野におけるサプライチェーンの世界的問題

環境問題をつきつめて考えていくと、結局、企業活動そのものの社会的責任、という観点にいきつきます。

したがって企業の社会的責任という問題に対しても、同社は相当、高い意識を持った会社になっている、ということが辻井氏の話からは感じられました。

そして話題は、現在も急速に進むアパレル分野でのグローバルなサプライチェーンのことに至りました。

「洋服をつくるのは思ったよりも複雑な工程があるのです。そこには想像を超えるたくさんの方々が関わっています。例えば、あるメーカーが（外注先の）工場に仕事を発注して、その工場から『環境負荷には配慮して作っています』、『労働者も適正な環境で働いています』と言われても、実はその先にある外注先で起きていることを知ることは容易ではありません。そうした背景もあり、メーカーがサプライチェーンのことを把握していない、ということが今のビジネスではスタンダードになっています」（辻井氏）。

たとえば2013年にバングラデッシュで起きたビルの大崩壊事故。

1200名以上（行方不明者が多くて正確な人数の把握が今でも不明です）もの人が亡くなった大惨事です。

崩壊した「ラナ・プラザ」という8階建てのビルはほぼ全体がアパレルの工場となっており、4000台ものミシンが違法に設置されていました。その日は、英国のファスト・ファッションで有名な「プライマーク」に納める納期が迫っていたために、夜中に3000台のミシンを一斉に動かしていました。

ここでは労働者は時給10円程度で働いており、このビルは前々から危険だと感じる人が多かったそうです。そんな危険な環境でも、この低賃金で働かざるを得ないのが今のアパレル産業の状況です。

この問題は、実は、日本にいるわれわれにとっても極めて身近なこととして捉えるべき問題だと言えるのです。なぜなら、この事故には現代の先進各国の消費行動が密接に関係しているからです。

たとえば、日本の量販店ではジーンズが安いものではわずか1本1，000円程度で売られています。先進国の消費者はそれで安さを享受できていますが、そのジーンズはすでに日本国内では売価1，000円では原価割れとなってしまうのでとても作ることができなくなっています。値段を上げれば他社の安い製品にシェアを奪われてしまいますから、作る場所をどんどん労賃の安い国にシフトしていかざるを得ません。本当は消費者の中に値段は高くても正しい方法で製造されているものを、という志向が広まれば、そうした安売り競争は避けられるはずですが、現実にはまだこういう競争がずっと行われているのが現状です。

先進国でのそうした消費行動によって、製品を作るサプライチェーンのどこかで必ずシワ寄せが起きます。そのサプライチェーンはしかし、現代ではぶ厚いカーテンの向こう側にあり、消費者の目からは見えなくなっているのです。そういう中で、この大惨事は発生しました。

「ビジネスを使って、こういう状況を変更していくことはできるのではないか、と考えているのです。それは、工場の方々ときちんと話し合いをして、安全な環境で働いていただく。給与を生活水準がきちんと保てるぐらいに払っていただく。そうするとコストが当然、上がります。コストが上昇することを企業経営として行うというのは、一般的な資本主義の世界では誤った経営ということになります。しかしそうやってでも成功することができれば『こういう方法もあるのだな』ということを皆が考えるようになりますし、お客様がそういうことを商品や企業のバリューとして感じてくれる時代になるのではないか。そういう状況を作っていくことがわれわれの一つのゴールなのだと考えています」（辻井氏）

その会社がメーカーでなくても、その商品を企画して売っているのであれば、その工場で働くワーカー（労働者）の労働環境を見ていくことは大事なことだということです。パタゴニアの場合、サプライチェーンの社会的・環境的責任を果たす部門があり、その部門が現地のオーディター（監査役）と一緒に労働環境の改善を行っているそうです。オーディターは工場長やワーカーの人たちと直接、話をして、その改善策を練っています。

ただしワーカーの問題に関しては、同社は「まだまだ道半ばで、これからやるべきことは山積みしている」（辻井氏）と話しています。

## フィロソフィ・クラス

創立者イヴォン・シュイナードの甥に当たるヴィンセント・スタンリーという人が

いて、２０１３年に『レスポンシブル・カンパニー』という本を共著で出しています。そのスタンリー氏による、「フィロソフィ・クラス」というセッションが、14年からグローバルで1年間に合計70回ぐらい開催されることになったそうです。

このうち12回は14年8月に約1週間、鎌倉と東京で開催されました。日本支社にいる約４８０人のスタッフのうちの約3分の１、約１６０人がこのクラスを受講したそうです。

フィロソフィ・クラスはもともと、本国で新しい社員が入ってくると、イヴォン・シュイナード氏がその社員たちを集めて、屋外の大きな木の下で、パタゴニアのコア・バリューとは何か、について語ってきたことが発端になっているそうです。

パタゴニアは4つのコア・バリューを持っています。その4つのバリューとは、まずQuality（質）、次にIntegrity（一貫性）、そしてEnvironmentalism（環境主義）、最後にNot Bound by Convention（慣例にとらわれない）――ということです。

そのバリューについて、ただ、観念的な言葉を並べるのではなく、それを示す実例の話を織り交ぜて行うのがこのセッションの特徴です。

それはトップの方から一方的に話すというのものではなく、社員の人たちから最近のカスタマーサービスに関して現実にあった話、一番たいへんだったこと、最も誇りをもって取り組んだこと、といったことを聞き出して、それに対してトップとやりとりをしていく、というものです。

新たに始まったフィロソフィ・クラスは、もちろん、木の下ではなく室内を使いますが、創立者が木の下で行っていたやり方を踏襲して、それをモディファイしています。

まず会社の歴史を創立者の親族であるスタンリー氏がみんなに伝えて、加えて参加者とのやり取りによってスタンレー氏がファシリテーター（促進者）兼トレーナーのような形となり、パタゴニアのミッション・ステートメントに照らして、現場で起きたケースの課題の解決の手立てを示し、それを共有することでみんなが同時に学習していくといったものです。

## マネージャートレーニングとコンピテンシー（行動特性）・行動指針

マネジメント・クラスの社員に対しては、パタゴニアでは「マネージャー・トレーニング」というものを本格的に始めています。辻井氏は「HR（ヒューマン・リソース＝人材）部門」を2013年に日本支社内に初めて立ち上げましたが、辻井氏自身が人材開発の専門家ではありませんから、外部の専門的コンサルタントの人にもサポートをしてもらいながら、米国本国で行っている研修内容と乖離がないかを気をつけつつ、米国本国でグローバルに使っている研修用のツールなども活用しながら行っているとのことです。

辻井隆行・パタゴニア日本支社長

このマネージャー・トレーニングで行われる研修は、一般的な人に関するマネジメントについての研修ですが、そのツールは、外部で一般的に使われているものをベースに、パタゴニア独自の要素を加えたものだそうです。

一般的に人事や人材開発面でコンピテンシーとかコア・コンピテンシー（ビジネスで優秀な業績を出していくための行動特性）と言われているものを、同社でも独自に開発したそうです。

それらは、パタゴニアという組織の中で成果を上げるためには、こんな行動特性をきちんと身につけば必ず成功に繋がります、といったことを社員に示すための役割を果たします。

パタゴニアにおけるコンピテンシーには4つの大きなくくりがあります。people（人）、value（価値）、progress（進歩）、business（仕事）――の4つです。

また、コンピテンシーは、本社の副社長やカントリーマネジャー向け、一般的なマネージャー向け、英語でindividual contributor（ＩＣ）と呼ばれる部下を持たない人たち向け――という3つのレベル別に制定されています。

これら3つにレベル別に策定されたコンピテンシーの8割方は共通するものになっていますが、あとの2割はそれぞれのレベルごとに特化したものとなっています。

たとえば、ＩＣの場合には「自分自身の個性を発揮する」ことにより重点が置かれていたり、マネジャーレベルの場合は「部下を育成する」ことに関連するコンピテンシーも大事にされていたり、といったような違いです。

さらに、それぞれ4つのカテゴリーごとに、コンピテンシーをより具体的な行動に落とし込んだbehavior indicator（＝行動指針）が制定されており、社員は合計で70程にのぼる、この行動指針に則ってミッションの実現に努めることになります。

## 求められる行動と「パフォーマンス面談」

たとえばマネージャーのコンピテンシーのpeopleのカテゴリーの中には「approachability」（アプローチビリティ＝近づきやすさ、親しみやすさ）という項目があります。

これがただ、「親しみやすさ」と書かれていただけでは、具体的にどう行動すればパタゴニアの社員としてふさわしい社員になれるのか、社員には理解できません。

そこで、これを具体的に落とし込んで示したものが行動指針となります。

アプローチビリティに関する行動指針としては、たとえば「周囲の人が話しやすい雰囲気になるように、いつも気を遣っている」といった具体的なことが示されています。

社員がマネージャーと、マネージャーの場合はさらにその上長と、業績目標と併せて、この行動指針を巡って話し合う場が、月1回、就業時間内に設けられています。

これを「パフォーマンス面談」と言っており、パタゴニアの人材育成の中では今後、重視されていくことになるでしょう。

パフォーマンス面談では1年間の業績目標（Goal）を設けて、その達成度合いや課題、必要なサポートなどを上司と共に話し合います。

面談はコンピテンシーと会社のミッション・ステートメント、それに各自のジョブ・ミッション、ジョブ・ファンクションと年間のゴールが書かれたシートを元に行います。

この面談の特徴は、自分は将来こういう状態になりたいとか、今後はこういうことを目指していきます、といったような日本でよくありがちな精神論的な目標設定や、あるいは欧米でもよく使われているいわゆる「To Doリスト」や「アクション・リスト」をただ示すことを目的にしたものではないことです。むしろその取り組みによって、どういう状態になったか、という結果（Result）の方を見ることに重点を置きます。

なぜそうするのかというと、To Doリストやアクション・リストは、たとえば半年経って周囲の状況がガラリと変わってしまっていたら、そのリスト自体が意味のないものになる可能性があるからです。重視するのは、あくまでもその人がいまどういう状態にあるか、また、それに対してどのような対応が出来るのかという点です。

その人がいまどういう状態なのかは、チェック項目のようなものを使って数値で示さなくても、実際は2人が面談をすればだいたいわかりますし、大切なのはその状態を上司がどうサポート出来るのかです。パフォーマンス面談は、上司が一方的に部下の評価を行うためでなく、そうしたことを話し合うために行うものです。

## 「全てはクライミングから学んだ」「プロセスにこそ意味がある」

こういった人材開発や人材育成の手法は、その手の専門家でなくてはうまく作れないものです。同社の場合も、これらのツールは米国本国の専門部隊が作ったツールを使っていますが、同社ならではの価値や特徴がそこに加えられているそうです。

実は、創立者イヴォン・シュイナード氏は「ビジネスで大切なものは、ロッククライミングから学んだ」と公言しているのです。
たとえばロッククライミングで有名なヨセミテで1000メートル以上の岩の壁を登るときは、昔は5泊6日をかけて命がけで登っていました。

命がけで登った結果、山頂に何があったか?

イヴォン氏は、そこにはただ平らな、ちょっとした土地があるだけだと言います。場所によっては、そこに車で行くことすらできます。

そうなってくるとゴール（Goal）そのものにだけでなく、そのプロセス（Process）の方にこそ意味があることがわかります。そういうことをシュイナード氏はよくスタッフに話して聞かせたそうです。

しかも、肝心なことは次の部分ですが、そのプロセスというのは、アクション・リストのことではない、ということです。

クライミングでは、一手一手、最適なホールドを掴みながら頂上を目指す訳ですが、ある一手が何らかの理由で使えなかったとしたら、途中でルートを変更しなければなりません。

つまり、アクション・リストは、状況に応じて変更する必要があるのです。

これはビジネスでも同じです。ビジネス環境が変われば、半年も前に作ったアクション・リストは役に立たないことが往々にあるはずです。

また、プロセスが大切だというのは、努力して半分まで登ったので良かったとか、全力を尽くしたのだから良かった、というものでもありません。

クライミングは頂上まで登るということが前提で、そのゴールは達成することに意味があるのです。ここで言われているプロセスの大切さは、そのプロセスの中で「大切にしている価値観」を守りながら結果（Result）を出すということです。クライミング中に身を軽くするためにゴミを捨てながら登る、岩場を必要以上に傷つけながら登る、といったことがあっては、登頂しても意味がないということです。

その意味で、業務においても組織が大切にしているバリューを守りながら、状況に応じて臨機応変にやるべきことを一つ一つ確実にこなしていくことが大事になるのです。

## プロダクトトレーニング

一方、マネージャーを対象としたもの以外で、同社が体系的に行っているスキルトレーニングは、プロダクト・トレーニング（＝商品知識の習得）ぐらいしかないと言います。

同社では新製品が基本的に年2回開発されます。プロダクト知識の習得は、店舗スタッフにおいてはほぼ全員、時間をかけて行われているとのことです。

これに対して、たとえば接客時のお辞儀の仕方、などといったカスタマーサービスのスキルに属する特別な訓練は同社では行っていません。

それは同社の店舗においては、接客の際には、プロダクトの知識はもちろん、スタッフが自然体で、自らの言葉でカスタマーと接することが一番大切だと考えているからです。

そして同社の場合、製品知識は実体験に基づいた、かなり高いレベルのものが要求されます。

この製品は耐水圧の数値がどうだとお客様にお伝えしたところで、たとえば「では実際の土砂降りのときはどうなんですか？」と聞かれたときに、「この製品は軽量なのでバックアップとして持っていくには最適ですが、土砂降りの際にはやはり地肌にはぺたりと貼りついてしまいます。僕はこの厚手の方を木曾の山などで使っていますが、土砂降りでもより高い機能を発揮してくれますよ」等々と受け答えできることに勝るものはありません。「そういう応対ができることが大事なのです」（辻井氏）。

同社の店頭スタッフには実際にアウトドアスポーツを愛好する人や、その製品を実際に使ってきた人が非常に多いのは、そういう理由があるからです。

プロダクトの素材やスペックをきちんと言えるようになることは、前述のような対応ができてこそ意味があるということです。

## 事例共有と、毎年1回3日間合宿でのビジョン作り

同社の決算期は4月で、従って期初は5月1日となります。5月には毎年、全社ミーティングが行われています。その中で、辻井氏は、過去、お店で実際にあった心洗われるお客様対応のエピソードなどの話をして、その情報を社員と共有しています。

こうしたお客様対応の良い事例を社員全員が共有していくことは「すごく大事なこと」と辻井氏は言っています。

こんなことをしたらお客様から感激されました、といったような事例の情報共有は、実はフォーマルな研修や会合の場ではなく、インフォーマルな社員同士のやり取りの中で広まっていくことの方が同社では多いようです。

そうなるためには社員の自主的な判断や転機が重要なポイントになりますが、そういう自主的な判断や転機を身につけるには、やはり普段から社員の意識が高くなくてはならないでしょう。

同社が人材育成・教育においては、ビジネス上の実践的なスキル教育よりも、会社のミッションやそれに基づいたビジョンの達成の方により力を入れているのは、そういうことも理由の一つだと思われます。社員の意識を高めるには、やはりこういう取り組みが欠かせないのです。

実際に日本支社では年1回、3年後にどういう姿になりたいか、という部門別のビジョン作りを社員たちが行っています。その大元となる日本支社のビジョンを策定する10人程度の経営メンバーのミーティングは、3日間の合宿形式で行われています。タスクの多い経営メンバー全員の貴重な3日間を費やすほど、ディレクションやビジョンに関する意識合わせを大切にしています。

## 「1滴のしずく」

「僕自身は、個人としても、企業としても、『1滴のしずく』のようになりたいと良く話しています。良いしずくとなり、波紋を広げて、世の中を変えていくというのがわれわれのミッションだと考えているからです」（辻井氏）。

パタゴニア米国本社がこれまで取り組んできた様々な環境や社会に対する取り組みは様々です。

たとえば、世界で初めてのオーガニック・コットン・シャツの量産化。売上高の1％を環境問題に対して寄付する企業の輪を広げる「1％フォー・ザ・プラネット」の共同立ち上げ（現在、世界で約1200社、日本でも約50社が参加。日本の事務局は鎌倉の本部に置いている）。ウォルマートやナイキ、GAPやアディダスなど名だたる企業約100社を巻き込んでの、アパレル製品の生産工場における環境的社会的インパクトの軽減を目指していく「サステナブル・アパレル・コーリション」の呼びかけ等々――。

こうした社会的な取り組みを同社が率先していることは、同社のミッション・ステートメントと正に合致していることだといえましょう。日本支社における多くの業務はカスタマーサービスに関連しているとはいえ、こういう取り組みは働く社員のモチベーションを引き上げることに繋がっているのは間違いないところでしょう。

## おわりに

辻井支社長は、角井と同い年。昭和43年申《さる》年生まれ。

失礼ながら、とても、親近感を感じました。

その支社長との2時間ほどに亘る対談の中で、一番熱を入れて話された話の1つが、「水資源」の話でした。1枚のコットンTシャツは、４０００リットルの水を使うのだそうです。また、人口が増えていくと、人間一人一人に十分な水が行き渡らなくなるのですから、その貴重な水を消費するコットンシャツは大切に着て、ファスト・ファッションのように、どんどん使い捨てにしてはいけないのです。

この辻井氏の「水資源」の話は、「最高の製品を作り、環境に与える不必要な悪影響を最小限に抑える。そして、ビジネスを手段として環境危機に警鐘を鳴らし、解決に向けて実行する」というパタゴニアのミッション・ステートメントを考え実践する人だと理解するのに十分な話でした。

# 第7章

# 人が育つ企業づくり

今回訪問させていただき、そのトップにお話を伺い、人が育つ企業には、共通項があるように感じました。

それは、

- 企業トップが人材育成に対する考え方をしっかり持っていること
- 人の自主性（本人のやる気）を大切にしていること
- 企業理念などフィロソフィがしっかりしていること

でした。

特に、最後のフィロソフィがしっかりしていることで、人が育ちやすい環境が出来るのだと思いました。

## 職場環境づくり

人が育つ職場環境は、研修というＯｆｆ-ＪＴの機会が多いのはもちろんですが、それだけでなく、濃いＯＪＴをしていることが重要な要素です。

濃いＯＪＴとは、毎日の仕事を単純にこなすだけでなく、悩み、試行錯誤し、より高いレベルで仕事を完結させようとすることです。別な言葉で言うと、適度なプレッシャーの中、仕事を行うことです。

ちなみにプレッシャーはネガティブな言葉ではありません。ストレスはネガティブかもしれませんが、プレッシャーは自分を成長させる糧なのでポジティブな言葉です。また、プレッシャーはなぜ発生するかというと、求めるレベルと現状レベルに差があるからです。その差がない状況ではプレッシャーは発生しません。

今のレベルが、求めるレベルより低いからこそ、悩み、試行錯誤するのです。これこそ、濃いＯＪＴです。「この人すごいなあ」と思う人に限って、「すばらしいですね」と言うと「いや、全然出来ていません」とか「まだまだ下手です」と真剣に回答されます。謙遜でなく、心からそう思っている人に限って、すごい能力やスキルを持たれています。ジャパネットたかたの髙田社長は、今回の対談で、自己更新の重要性を説かれていました。あのＭＣは私達から見たら完璧に見えますが、ご本人は、まだまだ変えられることがあるのだそうです。

また、成長する人は、自ら学ぶ姿勢を持っています。自分で書店に行き、今悩む内容に関する本を自分のお金で買い、読みます。または詳しい人に会いに行き、教えを請います。そして、自ら仕事の中で実践します。まさに濃いＯＪＴです。

では、その濃いＯＪＴを生む、より高いレベルを求める環境は、どうすれば生まれるのでしょうか？

それは、しっかりした素晴らしいフィロソフィ（考え方）があるからだと、私は考えています。

## スターバックスの場合

先日、シアトルにあるスターバックスの原点になるお店に行って来ました。ちまたでは一号店と言われていますが、実際には一号店は存在せず、復刻されたお店です。１９７１年に創立され、現在２０，８６３店舗で30万人以上のパートナーが働いています。

マクドナルドは、マクドナルド兄弟が創立し、その素晴らしさに感銘したレイ・クロックという人が世界に広げました。それと同じように、スターバックスを世界に羽ばたかせたのは、創立した人でありません。ハワード・シュワルツ（Howard

Schultz）という人が世に広げた人で、現ＣＥＯです。

１９５３年７月ニューヨークのブルックリン生まれで、決して裕福ではありませんでした。彼は、ゼロックスでワープロ販売の営業マンをし、その能力の高さにグループ企業などで頭角を表していました。

その彼が１９８１年にスターバックス（当時の店名は、「スターバックス・コーヒー・ティー・スパイス」）に初めて来店し、その５店舗しかないコーヒーショップに惚れてしまうのです。そして、経営陣と交渉に交渉を重ね、やっと翌年に、スターバックスに参画することができました。

しかし、ハワード・シュワルツは、拡大を求めましたが、経営陣の考えと合わず、一度スターバックスを辞め、「イル・ジョルナーレ」（Il Giornale coffeehouses）を始めました。そして１９８７年にスターバックスの創立者がスターバックスをハワード・シュワルツに売却しました。その５年後の１９９２年に米国ＮＡＳＤＡＱ上場しています。

しかし、もう軌道が乗ったと、２０００年ＣＥＯ退任しました。しかし、２００８年１月７日に、初の四半期の赤字を出したため、復帰しました。

危機から脱するために、その彼が最初にしたことが、08年2月27日、夕方5時半から約3時間半、全7100店舗の一斉閉鎖です。閉鎖した理由は、「スターバックスの使命や理念が十分に伝わっていない」と感じたからで、全パートナー（従業員）の13万5000人を再教育したのです。完璧なコーヒーを提供するために、コーヒーの作り方を再教育したのです。

そして、同年、1万人を超える店長が集まるリーダー会議を、通常であれば、シアトルで行うのですが、この時は、ニューオーリンズで開催しました。このニューオーリンズは、超大型ハリケーン・カトリーナで甚大な被害を受け、被災から3年経っても復興が進んでいませんでした。

そこで4日間、ボランティアをしながら、3000万ドル（約30億円）を超える予算で、1万人規模の大規模なボランティア活動（累計5万時間）を行うリーダー会議を開催しました。もちろん、そのボランティアには、シュルツ本人も参加しています。

そこで、スターバックスの目指してきたことを再確認したのです。

スターバックスのミッションは、

**To inspire and nurture the human spirit**

-one person, one cup, and one neighborhood at a time.
人々の心を豊かで活力あるものにするために
—ひとりのお客様、一杯のコーヒー、
そしてひとつのコミュニティから

です。

このミッションとブランドは表裏一体で、ミッションはパートナー側から見たもので、ブランドはお客様側絡みたものです。ブランドは約束なのです。

人の心を豊かで活力あるものにするというミッションは、「スターバックスらしさ」を表しています。また、「ひとつのコミュニティ」は、スターバックスは、会社でもなく、家でもない第3の場所「サードプレイス」につながります。

最近、スターバックスに朝早く行くと、「今日もお仕事がんばってくださいね」とか「いってらっしゃいませ」という声を掛けてくれます。しかも、決して「いらっしゃいませ」とは言いません。これがまさにサードプレイスの具現化です。

彼らや彼女らは、会社からその言葉をやさられて言っているわけではありません。

心からの言葉で言っています。以前、スターバックスでアルバイトとして働いていた私の友人が言っていました。「スターバックスは忙しくて大変だったけどやりがいがあって楽しかった」と。

なぜスターバックスで働く人はイキイキしているのでしょうか？　**スターバックスらしさを追求する**ことで、それぞれが求めるレベルが高まり、現状との差にギャップを感じ、まだまだ出来ていないと、濃いＯＪＴが生まれ、結果それぞれのパートナーが育っているのだと思います。

あなたの企業「らしさ」は、何なのでしょうか？　一度スターバックスでコーヒーを飲みながら、考えてみてはどうしょうか？

また、スターバックスの職場環境で、言い忘れてはいけないことがあります。それは、全パートナーを大切にする制度です。すべての従業員に、アメリカでは金銭的に高くて入れない健康保険を適用し、ストックオプションを与えています。しかも週20時間以上勤務するパートタイマーも対象にしているのです。

そういったこともあり、**長期雇用も実現**しています。だから、接客レベルや製品レベルが高く維持できているのです。

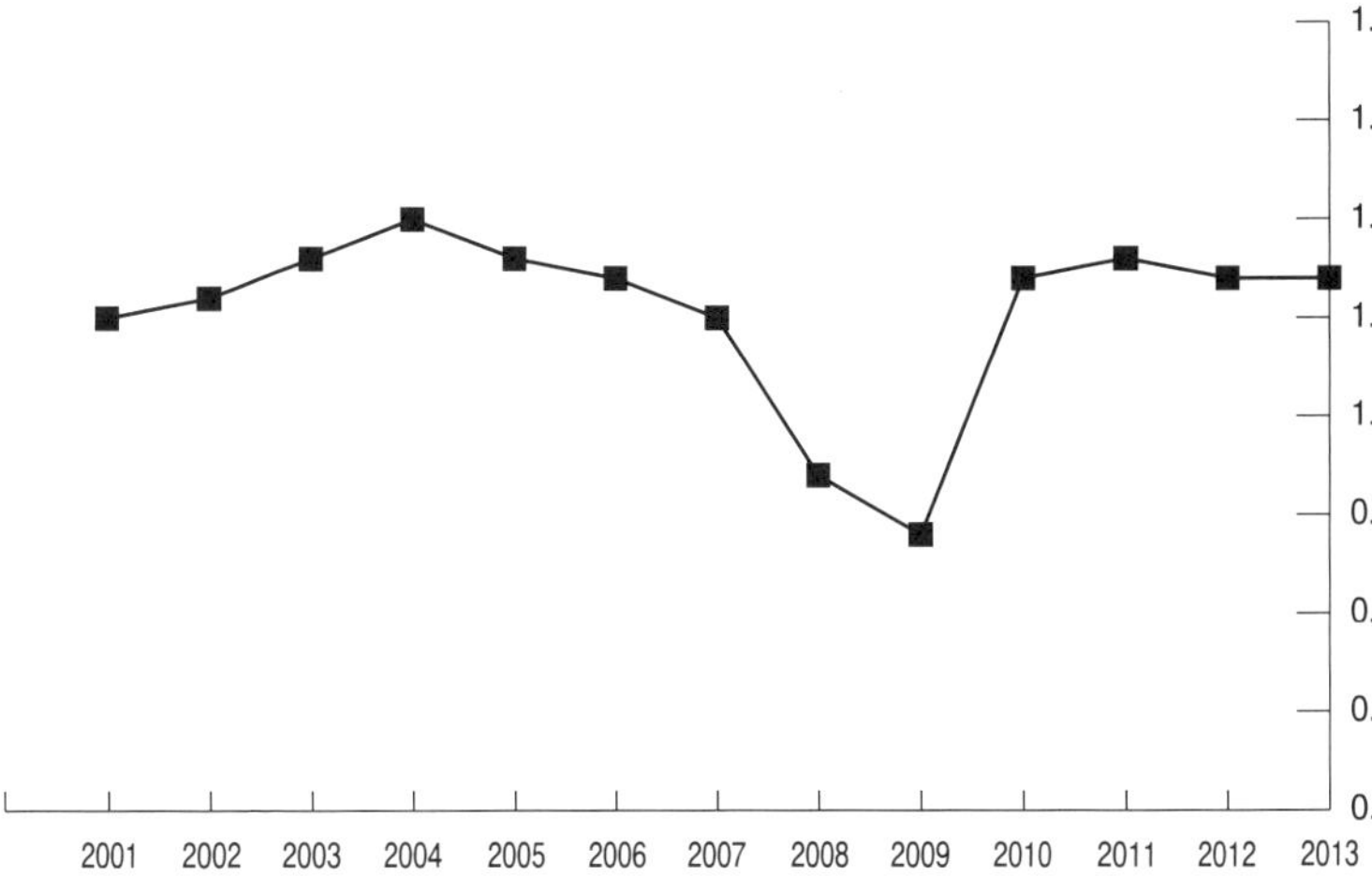


| | 2001 | 2002 | 2003 | 2004 | 2005 | 2006 | 2007 | 2008 | 2009 | 2010 | 2011 | 2012 | 2013 |
|---|---|---|---|---|---|---|---|---|---|---|---|---|---|
| 既存店 | 105% | 106% | 108% | 110% | 108% | 107% | 105% | 97% | 94% | 107% | 108% | 107% | 107% |
| 全売上 | $2.6B | $3.3B | $4.1B | $5.3B | $6.4B | $7.8B | $9.4B | $10.4B | $9.8B | $10.7B | $11.7B | $13.3B | $14.9B |

（スターバックスの既存店売上の昨対比率と全売上）

## ＪＡＬの復活

実質倒産したＪＡＬが復活したのは、稲盛和夫氏によって持ち込まれた「アメーバ経営」と「フィロソフィ」だと言われています。

そのフィロソフィを浸透させるために、稲盛氏も幾度か講義して、役員全員と経営幹部約50名を対象に、リーダー教育が実施されました。また、そのリーダー教育受講者から約10名を選抜され、ＪＡＬフィロソフィを作り上げました。

ＪＡＬフィロソフィは、「すばらしい人生を送るために」「すばらしいＪＡＬとなるために」の2部構成で、全9章40項目あり、ＪＡＬグループ社員全員が持つべき考え方「一人ひとりがＪＡＬ」「現場主義に徹する」などが書かれています。その内容を全社員に浸透させるための教育を、年間4回、1回2時間実施しています。

そのフィロソフィの教育を実践し、一人ひとりに浸透されていき、ＪＡＬが過去最高の営業利益を出したのです。

私もＪＡＬに搭乗した時に、ＣＡ（キャビン・アテンダント）さんから、小さな手書きのお礼の手紙をいただき、見えなくなるまで地上の人が一列に並んで手を振るのを見ました。その時に、フィロソフィのことも知っていましたから、全員がフィロソフィを胸に仕事をしていると感じました。

同じお茶を出すにしても、気持ちを入れて出すのと、作業として出すのでは、搭乗者としては全く受け止める感覚が違います。

それまでも、ＪＡＬのＣＡさんは丁寧なサービスをしていましたが、フィロソフィによって、気持ちが入り、同じお茶の提供でも、気持ちよさがアップしました。さらに、気づいたことを言ってくれる気遣いが加わりました。国際線で、周りが就寝中にパソコンで仕事をしていると、「何かお飲み物をお持ちしましょうか？」と声をかけられました。

また、ＪＡＬ整備工場の資材に「軍手◯◯円」と書かれている写真を見ました。これも、フィロソフィに書かれた「売上を最大に、経費を最小に」「公明正大に利益を追求する」「採算意識を高める」などを実践しているからに間違いありません。経費を最小にするために、これまで何気なくちょっと汚くなったら捨てていた軍手も、値段を書くことで、もう少し使ってみようという気持ちになるのでしょう。

フィロソフィが浸透することで、今のレベルではまだまだ足りないと感じ、何をすればいいのか考え、行動することで、濃いＯＪＴが実現し、育っていったのです。

**ＪＡＬフィロソフィ**

**第１部：すばらしい人生を送るために**

**第１章　成功方程式（人生・仕事の方程式）**　人生・仕事の結果＝考え方×熱意×能力

**第２章　正しい考え方をもつ**　人間として何が正しいかで判断する　常に謙虚に素直な心で　小善は大悪に似たり、大善は非情に似たり　ものごとをシンプルにとらえる　美しい心をもつ　常に明るく前向きに　土俵の真ん中で相撲をとる　対極をあわせもつ

**第３章　熱意をもって地味な努力を続ける**　真面目に一生懸命仕事に打ち込む　有意注意で仕事にあたる　パーフェクトを目指す　地味な努力を積み重ねる　自ら燃える

**第４章　能力は必ず進歩する**　能力は必ず進歩する

**第２部：すばらしいＪＡＬとなるために**

**第１章　一人ひとりがＪＡＬ**　一人ひとりがＪＡＬ　率先垂範する　尊い命をお預

かりする仕事　お客さま視点を貫く　本音でぶつかれ　渦の中心になれ　感謝の気持ちをもつ

**第2章　採算意識を高める**　売上を最大に、経費を最小に　公明正大に利益を追求する　採算意識を高める　正しい数字をもとに経営を行う

**第3章　心をひとつにする**　最高のバトンタッチ　現場主義に徹する　ベクトルを合わせる　実力主義に徹する

**第4章　燃える集団になる**　強い持続した願望をもつ　有言実行でことにあたる　成功するまであきらめない　真の勇気をもつ

**第5章　常に創造する**　昨日よりは今日、今日よりは明日　見えてくるまで考え抜く　果敢に挑戦する　楽観的に構想し、悲観的に計画し、楽観的に実行する　スピード感をもって決断し行動する　高い目標をもつ

## トヨタの話

「モノづくりは人づくり」というトヨタの言葉は、あまりにも有名です。

この言葉は、創立時から受け継がれてきたのだそうです。トヨタではモノづくりを通じて人材育成をしているのです。また、人づくりは「価値観の伝承」であるとトヨタは言っています。年間1000万台を販売するトヨタは、いまやグローバルカンパニーなので、日本国内だけで、価値観を伝承するわけにはいきません。全世界の従業員に対して、価値観を伝承し、人づくりをしなければなりません。

そのために、「トヨタウェイ2001」を作りました。これは、「トヨタ基本理念」（図参照）を実現するために、共有すべき価値観や方法、行動指針を明示したものです。世界中の人に理解されるよう、これまで暗黙知だったものを明文化したのです。

現地への権限委譲をスムーズに進めていくためにも、明文化は不可欠です。

日本は、ハイコンテクスト文化なので、「あれ、持ってきて！」という何を意味しているか分からない「あれ」を、察して、持っていくことができます。いわゆる、あうんの呼吸です。ハイコンテクスト文化は、共通の価値観や言語、共通体験、共通知識が多いので、ちょっと説明するだけで分かり合える文化です。伝達能力が低くても、言葉足らずでも通じてしまいます。一方、多民族のヨーロッパやアメリカや東南アジア等では、共通の価値観どころか体験や知識も違いますし、同じ英語を話していても、家族と話している言語が違っていると、同じ英単語でもニュアンスが変わります。これをローコンテクスト文化と言い、不明瞭な言葉では通じませんから、ロジカルシンキングやプレゼンやディベートの能力を高めないといけないのです。

世界で事業展開するトヨタは、「トヨタウェイ2001」に、これまで暗黙知だったトヨタの経営哲学、価値観、実務遂行上の手法を明文化しました。「人間性尊重」「知恵と改善」の2つを柱に、「チャレンジ」「改善」「現地現物」「リスペクト」「チームワーク」の5つのキーワードで、トヨタ従業員の行動原則を表しています。

そして、トヨタウェイ2001の共有のため、2002年、社内人材養成組織のトヨタインスティテュートを設立し、03年以降はアメリカに加え、ベルギー、タイ、中国、南アフリカ、オーストラリアで専門組織を設立しました。

「モノづくりは人づくり」のトヨタが、そのOJTでの人材育成レベルを世界で維持するために、トヨタの考え方を明文化して、高いレベルと求める企業組織をつくっているのです。

トヨタの元社長の張富士夫さんが以前こんな話をされていました。過去、米国の工場立ち上げの責任者をしていた時に、ジョブローテーション（配置転換）をしようとしたそうです。アメリカは、専門職を高めるのがキャリアパスなので、なかなか受け入れられないと思われたのですが、実際に希望者にジョブローテーションをして、新しい部門に行く時に、教育をしたら、とても喜ばれたそうです。なぜなら、アメリカでは教育は自腹が当たり前で、給料をもらって教育を受けられるというのはとても有難かったからです。トヨタのひとづくりの方法の配置転換も、丁寧に説明し、実践することで、結果、米国でも根付いていったという事例です。

また余談ですが、周りに何もない工場だったので、バーやカラオケを作り、アメリカ人と交流をしたそうです。同じ釜の飯を食うことで、ローコンテクスト文化でもハイコンテクスト文化に少しでも近づく努力をされたのです。

トヨタウェイ2001

知恵と改善
Continuous
Improvement
チャレンジ Challenge
改善 Improvement
現地現物
人間性尊重
Respect for
People
尊敬・尊重 Respect
チームワーク Teamwork

**トヨタ基本理念**

1．内外の法およびその精神を遵守し、オープンでフェアな企業活動を通じて、国際社会から信頼される企業市民をめざす

2．各国、各地域の文化・慣習を尊重し、地域に根ざした企業活動を通じて、経済・社会の発展に貢献する

3．クリーンで安全な商品の提供を使命とし、あらゆる企業活動を通じて、住みよい地球と豊かな社会づくりに取り組む

4．様々な分野での最先端技術の研究と開発に努め、世界中のお客様のご要望にお応えする魅力あふれる商品・サービスを提供する

5．労使相互信頼・責任を基本に、個人の創造力とチームワークの強みを最大限に高める企業風土をつくる

6．グローバルで革新的な経営により、社会との調和ある成長をめざす

7．開かれた取引関係を基本に、互いに研究と創造に努め、長期安定的な成長と共存共栄を実現する

〈1992年1月制定、1997年4月改正〉

# 終章

# 人が育つ現場づくり

## 会社の目的

会社を意味するカンパニーの語源は、ラテン語で、「共にパンを！」という意味だそうです。みんなで集まり、組織になることで、1人あたり、より多くのパンを食べることができるということです。従業員が、会社のオーナーであれば、現代でも同じ発想で会社を運営することができます。利益を最大にすることで、一人あたりの稼ぎを最大にすることが出来るのです。

しかし、今は、ステークホルダー（利害関係者）が増え、株主や経営者や労働者、はたまた顧客や仕入先や地域社会など、立場が違う人が増えました。そのため「会社は誰のものか?」という議論までされる始末です。

稲盛和夫氏は、ステークホルダーの中で、従業員を第一優先にしています。また、その稲盛氏を尊敬する経営者の一人だというアリババ創立者のジャック・マー氏は、「お客様が第1、従業員が第2、株主が第3」と言っています。近江商人は、三方良し「売り手よし買い手よし世間よし」を信条の一つとしています。パタゴニアは、その存在意義を「最高の製品を作り、環境に与える不必要な悪影響を最小限に抑える。

そして、ビジネスを手段として環境危機に警鐘を鳴らし、解決に向けて実行する」と定義していますので、地球環境が最大のステークホルダーなのかもしれません。

企業は利益を沢山出し、税金を沢山払うことが、義務だと、私自身は信じていますが、これからは、利益はお金だけでなくなるように思います。利益は、お金だけでなく、社会貢献などもカウントされるようになるのでしょう。ちなみにパタゴニアは、売上の１％を環境保護団体に寄付しています。

その利益を最大にするために、同じ目標（大義名分）に向かって、ベクトルを合わせ、共通の価値観を持ち、高い人間性をもったチームワークと高い能力のスキルで、目標を達成することが、会社の目的なのだと思います。

話をステークホルダーに戻しますが、稲盛和夫氏のように一番に従業員を置いていなくても、永続する企業は従業員を大切にしています。やはりカンパニーの語源通り根本は変わっていません。

## 現場レベルでの人材育成の悩み

現場レベルでの人材育成の悩みは、大抵、下記の４つです。

1. 勉強の場がない。または少ない機会しかない
2. 他社を知らない。自社のみしか知らない。他社との交流がない
3. 失敗が許されない。チャレンジさせられない
4. 本人に学ぶ気がない（向上心がない）

現場で部下を育成する立場の読者の人は、激しく同意されたのではないでしょうか。それぞれ説明しましょう。

1. 勉強の場がない。または少ない機会しかない

「多くの現場では、最低人数で回しているため、集合研修に行かせたくても、そのタイミングが合わない」
「独自に研修をしようにも、時間だけでなく、研修費予算が少ないので、独自にはできない」

「本や雑誌を読ませようにも読んでくれない」というのが実体でしょう。

最初の2つに関しては、最近増えてきているeラーニングも1つの方法でしょう。最後に関しては、勉強をさせたい内容が書かれたメールマガジンをスマホや携帯で読ませるのも手です。専門用語を毎回掲載されるメルマガだと、毎回読ませて、1カ月に1回テストすることもできます。

会社の予算を増やしてもらうだけでなく、現場内の創意工夫で解消することも出来るのです。

## 2．他社を知らない。自社のみしか知らない。他社との交流がない

これは、他社人材と交流する場を作るしかありません。業界団体イベントや集合研修での懇親会で関係を作り、部下を連れて交流を図ったり、他社の現場視察を企画したり、グループワークの多い集合研修に参加させたりすることで解消されるでしょう。

特に、他社の社員を接すると、他社の社員が優秀に見えます。「このままでは、自分はどんどん遅れてしまう。もっと頑張ろう」という意欲が出てきます。だからこそ、他社との交流ができる集合研修は人気があります。

### 3．失敗が許されない。チャレンジできない

失敗などの経験は、貴重な学びです。失敗を恐れず、チャレンジさせることで、存分に能力を発揮して、能力を伸ばすことができます。

執筆中にフェイスブックで頂いたコメントには、失敗経験で伸びたという人も多く、部下には失敗を恐れず存分に力を出す環境を与えたいと思う人が多かったです。しかし許容範囲が限られたりしますから、別な方法として、伸ばしたい本人が経験しなくても、周りや他社から学ばせたり、ケーススタディで学ばせたりすることが考えられます。

### 4．本人に学ぶ気がない（向上心がない）

フィロソフィを浸透させ、今とのギャップを埋めようとすれば、本人に学ぶ気持ちを起きてきます。これだけで十分というわけではありません。

やはり、現場でも、本人に学ぶ気を持たせる工夫が要ります。

子供に早起きをさせる方法について、脳蘇生医療の最先端で活躍する脳科学の第一

人者の林成之教授（日本大学大学院総合科学研究科）が、３つ書かれていました。

**1）朝が楽しいと思わせる**

その前に、親自身が、「朝は辛いけど、頑張って起きなければ」と義務的に思っていたら、ダメだそうです。朝および早起きをポジティブなものに感じさせることが大切だそうです。

**2）習慣化させる**

朝◯時に起きることが習慣になれば、楽に起きられるそうです。「統一・一貫性」の本能を植え付けるために、10分ずつでも少しずつ早く起きさせて、目標時間に起きさせて習慣化させると良いそうです。

**3）自分で決めさせ、褒める**

自分自身で早起きを決めさせ、それができたら、シールをあげたり、褒め言葉を伝えたりして褒めると良いそうです。自分自身で決めて実行させるのは、なかなか難しいでしょうが、それが一番効果的だそうです。

これを読むと、会社のチームも同じように思いませんか？

目標管理は、自分で目標を決めて、達成させ、その達成を褒めることで、さらに自身のモチベーションを上げるのです。

営業なら、

1．営業ノルマをポジティブに捉えてもらう

2．ノルマ達成を習慣化させる

3．自分でノルマを決め、達成したら、花丸を付けたり、言葉を掛けたりして褒める

と言えます。

これによって、やる気を引き出し、向上心をもたせるのです。

現場レベルでは、出来る範囲が限られますが、やれることは無数にあります。現場で悩まれるリーダーの方は、やれることを1つずつやっていけば、少しずつ悩みが解消していくことでしょう。

## 学びを最大化させるコツ「学びMAS！」

当社イー・ロジットでセミナーや研修を行う際に、必ずお願いしていることがあり

ます。それは、学びを最大限にするために、「メモを取り、アンテナを立て、シェアして」下さいということです。

これを、「学びます！」と言い、Memo、Antenna、Shareの頭文字をとって、「学びMAS！」と記載しています。

学びます！ Manabi MAS！
1. Memo メモをとる！
2. Antenna アンテナを立てる！
3. Share 学びをシェアする！

〈メモをとる〉

人は、コンピューターでもブルーレイディスクレコーダーでもなく、忘れる動物です。ドイツの心理学者のエビングハウス教授は、有名な「エビングハウスの忘却曲線」で、人は1日経つと26％しか覚えていない。すなわち、74％のことを忘れてしまうと言っています。また、20分経つと42％も忘れてしまうのだそうです。

ですから、私がこの本で冒頭に書いた内容の半分近くをすでに忘れていることになります。

また、毎日の朝礼で伝えた注意点は、昼には半分くらいしか覚えていないということです。となると、例えば、作業場で、「午後からの作業でこういうことに注意して下さい」と言っても、午後には半分くらいしか覚えていないことになるのです。だから、昼でも昼礼というものが必要になるのです。または、メモを取らせる会社もあります。

優秀な加工場や物流現場では、朝礼で、パートさんも含め、ちっちゃなメモとペンをもって聞いてメモしている姿を見かけます。

「聞き手の粗相《そそう》は、言い手の粗相」という言葉があります。相手は忘れるということを前提に、伝達しなければなりません。

また、ご自身が聞くときには、忘れるという前提で、メモを取り、改めて見返すことを、「学びＭＡＳ！」の「メモをとる」でお願いしています。この本を読みながらでも、線を引き、メモを書くようお願いします。

〈アンテナを立てる〉

聞き方や読み方で、学びの量と深さに大きな差が出ます。なにが違うのかは、話を聞く前に決まっています。それは、聞き耳を立てて聞こうとしているかです。

話を聞く前から、「自分に興味が無い内容だなあ」とか「あの人の話は聞き飽きているからなあ」とか「自社の業種と違うなあ」とか「商品カテゴリーが違うからな」とか思った瞬間に、学びが無くなります。しかし、アンテナを自ら立てて聞くと、学べることが結構あるのです。自分に関係していると自分事として捉えるようにすれば、学びが最大になります。

私自身、同じ人の同じ内容のセミナーを聞くことがたびたびあります。アンテナを立てて熱心に聞くと、前回とは違う学びを得ることが出来ます。なぜなら、自分のコンディションや思考が前回と違うからです。また、講師も人間ですから、その日の調子や出来事によって、話す内容も変わりますし、聴衆によって話す内容を変えます。例えば、「業種が違う自社に、どう取り込めるだろうか?」「隣の部署のあいつが見たら、勉強になるだろうな」「この考えは、自社とは、ここが違うけど、なぜなんだろうか?」など、自社や自分や身の回りの人を中心に考えて、他人事でなく自分事として考えながら、見聞きして学んで下さい。

何を見ても、アンテナの感度をMAXに、且つ高くしておくと、同じ人と同じ1時間でも、圧倒的に充実した学びの1時間になります。

〈学びをシェアする！〉

72時間ルールという言葉を聞かれたことはありますか？　これは、72時間以内に学びを誰かに伝えることで、自分の学びが深まり、記憶に定着し、さらに知恵や知識にすることを言います。

さらに即シェアルールというものもあります。72時間以内に学びをシェアすること自体を忘れる（漏れる・躊躇する）人がいます。これを回避するために、即座にシェアするのです。仕事でも「即時処理」という言葉がありますが、セミナー終了直後や視察直後に、ノートを読んで、ＥメールやFACEBOOKやツイッターで、学んだことをシェアする癖をつければ、学びが高まります。

私は、講義や講演を聞くときには、メモをiPad miniで書きます。そうすると、帰りの電車などでiPhone片手に読み返しと修正ができるからです。また、改めて入力する時間が節約できるからです。さらに、そのメモを興味ありそうな人に送ることが出来ます。「参考になるかもしれないので、送ります」と。

学習効率というものがあります。これはどんな方法がどれくらい学びに繋がるかという調査結果です。聞くだけだと1割のところが見聞きすると3割になります。実際に学んだことを実践すると8割になります。それ以上に効率のいい方法があります。それは教えるということです。これは自分の言葉で人に教えることです。これは9割になります。

入社2年目の新卒が急に成長しますよね。その理由は、自覚や責任感もありますが、新入社員に教えるからです。これは、何年目でも何歳でも変わりません。みなさんも、学びを知合いや同僚に教えて、学びを最大にしてください。

この本をアンテナを立てて読み、学びになった箇所に線を引いてメモをして、それを同僚や上司や部下や同窓生や友達にシェアして教えることで、この1冊の本の代金の何十倍、何百倍の価値になることでしょう。

また、この学びMAS!を、社内でも広めることで、御社の従業員の学びは倍速化することでしょう。

# あとがき

私はラッキーだと思います。自分自身、多くの成長企業の社長に会い、人材育成について、教えを請うことが出来たからです。

普通の人なら、「人材育成に悩んだから、あの会社の社長に会いに行く」なんてことはできません。私自身、13冊の本を世界中で出していると言っても、専門である物流とは違うジャンルである人材育成の本の企画が通るわけがありません。

今回の書籍を書くことが出来たのは、『財界』の村田博文社長や畑山崇浩編集委員に賛同いただき、ご協力いただいたからに他なりません。感謝です。

また、今回対談に応じて頂いた方々のお陰です。直接角井よりお願いした方や『財界』誌よりお願いした方もいらっしゃいますが、今回の書籍の主旨にご理解いただいたからこそだと思います。有難い限りです。この場を借りて、皆様にお礼申し上げたいと思います。ありがとうございます。

今回お会いした6人の社長は、とても素敵な方ばかりでした。素敵だけではありません。先に書きましたが、人材育成に対する考え方をしっかり持たれていました。この本のタイトル「人が育つ素敵な会社」は、「人を育てることに真剣な素敵な社長」とも書き換えられるのではないかと思いました。

この本を買って頂いた貴方様は、ここまで読んで何を感じられたでしょうか？　また「学びＭＡＳ！」で、何に線を引いてメモし、何がアンテナに引っかかり、何を周りにシェアするのでしょうか？

たった1冊の本ですが、６人の素敵な社長、６社の「人が育つ素敵な会社」から、最大に学んで下さい。そのためにも、特に、シェアが大切です。

周りの人に自分の言葉でシェアをすることで、自分の学びになります。また記憶から抜けそうになっても、人に伝えることで強い記憶にすることができます。私も、今回、６人の社長から学んだことを、たくさんのセミナーでシェアし、自分の学びに昇華させたいと思っています。知識を胆識までに昇華させるために、セミナーで話すのです。

貴方様は、セミナーで話すチャンスはなくても、社内の朝礼などで話す機会があるでしょう。また、ランチタイムに同僚と話す機会もあるでしょう。フェイスブックなどをしている人は、フェイスブックに書くことも出来るでしょう。

大学生であれば、大学のカフェテリアで、友達に「ヤマト運輸は、人材育成のプログラムに、こんなのがあるんだって！」などと話すこともできます。

そうシェアして、ぜひ、自分の学びにしてください。

最後まで読んでいただき、ありがとうございました。

今、次の続編への構想をまとめています。楽しみにしていて下さい。

追記：この本を書くにあたり、フェイスブックでコメントや声援を頂いた皆様、この本を書くキッカケとなったイー・ロジットクラブの会員様、そして、この本を書く時間の余裕を与えてくださったイー・ロジットで働くパートナーの皆様、ありがとうございました。

## 【著者紹介】


### 角井亮一（かくいりょういち）

株式会社イー・ロジット代表。1968年10月25日、東大阪生まれ、奈良育ち。上智大学経済学部経済学科（田中利見ゼミ）を3年で単位取得終了し、渡米。ゴールデンゲート大学からマーケティング専攻でMBA取得。帰国後、船井総合研究所に入社。その後不動産会社を経て、家業の物流会社、光輝物流に入社。2000年2月14日、株式会社イー・ロジット設立、代表取締役に就任する。

イー・ロジットは、現在200社以上から通販物流を受託する国内NO1の通販専門物流代行会社であり、物流人材教育研修や物流コンサルティングを行う会社。

書籍は、日本語だけでなく、英語、中国語（簡体、繁体）、韓国語でも書籍を累計13冊以上出版。主な著書に『よくわかるIT物流』『(図解)よくわかる物流のすべて』(以上、日本実業出版社)、『物流改善の進め方』(かんき出版)、『トコトンやさしい戦略物流の本』(日刊工業新聞社)、『物流がわかる』(日本経済新聞出版社)、『通勤大学実践MBA　戦略物流』(総合法令）などがある。そのほか、無料メルマガ「物流話」を公開中。

（問い合わせ先）

info@e-logit.com
http://www.e-logit.com/



**人が育つ素敵な会社**

2014年11月27日　第１版第１刷発行
2014年12月22日　第１版第２刷発行

著　者　角井亮一

発行者　村田博文
発行所　株式会社財界研究所
［住所］〒100-0014　東京都千代田区永田町2-14-3東急不動産赤坂ビル11階
［電話］03-3581-6771
［ファックス］03-3581-6777
［URL］http://www.zaikai.jp/

取材·執筆協力　畑山崇浩（『財界』編集部）
デザイン　安居大輔（Dデザイン）

印刷·製本　図書印刷株式会社




乱丁·落丁は送料小社負担でお取り替えいたします。
ISBN 978-4-87932-104-6
定価はカバーに印刷してあります。